Soziologie in Brasilien

Veridiana Domingos Cordeiro • Hugo Neri

Soziologie in Brasilien

Veridiana Domingos Cordeiro
University of São Paulo
São Paulo, Brasilien

Hugo Neri
University of São Paulo
São Paulo, Brasilien

ISBN 978-3-031-17569-5   ISBN 978-3-031-17570-1 (eBook)
https://doi.org/10.1007/978-3-031-17570-1

Die Deutsche Nationalbibliothek verzeichnet diese Publikation in der Deutschen National-bibliografie; detaillierte bibliografische Daten sind im Internet über http://dnb.d-nb.de abrufbar.

Springer VS
© Der/die Herausgeber bzw. der/die Autor(en), exklusiv lizenziert an Springer Nature Switzerland AG 2023
Das Werk einschließlich aller seiner Teile ist urheberrechtlich geschützt. Jede Verwertung, die nicht ausdrücklich vom Urheberrechtsgesetz zugelassen ist, bedarf der vorherigen Zu-stimmung des Verlags. Das gilt insbesondere für Vervielfältigungen, Bearbeitungen, Über-setzungen, Mikroverfilmungen und die Einspeicherung und Verarbeitung in elektronischen Systemen.
Die Wiedergabe von allgemein beschreibenden Bezeichnungen, Marken, Unternehmens-namen etc. in diesem Werk bedeutet nicht, dass diese frei durch jedermann benutzt werden dürfen. Die Berechtigung zur Benutzung unterliegt, auch ohne gesonderten Hinweis hierzu, den Regeln des Markenrechts. Die Rechte des jeweiligen Zeicheninhabers sind zu beachten.
Der Verlag, die Autoren und die Herausgeber gehen davon aus, dass die Angaben und Infor-mationen in diesem Werk zum Zeitpunkt der Veröffentlichung vollständig und korrekt sind. Weder der Verlag, noch die Autoren oder die Herausgeber übernehmen, ausdrücklich oder implizit, Gewähr für den Inhalt des Werkes, etwaige Fehler oder Äußerungen. Der Verlag bleibt im Hinblick auf geografische Zuordnungen und Gebietsbezeichnungen in veröffent-lichten Karten und Institutionsadressen neutral.

Planung/Lektorat: Cori Antonia Mackrodt
Springer VS ist ein Imprint der eingetragenen Gesellschaft Springer Nature Switzerland AG und ist ein Teil von Springer Nature.
Die Anschrift der Gesellschaft ist: Gewerbestrasse 11, 6330 Cham, Switzerland

Danksagung

Es ist für uns eine Ehre, Teil einer so bedeutenden Buchreihe zu sein. Wir hoffen, unseren Lesern eine informative, reflektierte und lesenswerte Beschreibung zu liefern. Brasilien weist eine komplexe Geschichte und soziale Realität auf, und das Ziel der meisten brasilianischen Soziologen seit den 1930er-Jahren war deren Interpretation. Bereits in den Anfängen unserer jungen Republik, d. h. in den späten 1800er-Jahren, haben sich viele andere „soziale Vordenker" dieser Aufgabe gewidmet. Im Laufe der Jahrzehnte sind in Brasilien beachtliche wissenschaftliche Leistungen und Forschung erbracht worden. Daher halten wir es für sinnvoll, hierüber auch in englischer Sprache einen Überblick für die Leser zu vermitteln, und wir sind dankbar, dass wir im Rahmen dieses Buchs die Möglichkeit dazu haben.

Das Zustandekommen dieses Buchs wäre ohne die Vermittlung von Professor Stephen Turner nicht möglich gewesen. Während eines Treffens der American Sociological Association lud er uns freundlicherweise dazu ein, dieses Buch zu schreiben, weil ihm bewusst war, dass eine Buchreihe zur Soziologie im Wandel ohne die Berücksichtigung der lateinamerikanischen Soziologie unvollständig wäre. Turner hat viele Soziologen beeinflusst, die in Brasilien auf dem Gebiet der Sozialtheorie forschen, und so war es eine freudige Überraschung, von ihm diese Einladung zu erhalten.

Obwohl Brasilien und Portugal viele Gemeinsamkeiten aufweisen und auf eine gemeinsame Vergangenheit zurückblicken, haben diese „Geschwisterländer" leider keine nennenswerten Verbindungen und keinen Austausch auf dem Gebiet der Soziologie aufgebaut. Die Begegnung mit

Professor Filipe Carreira da Silva über den großen Ozean hinweg, der die beiden portugiesischsprachigen Länder trennt, war ein großer Glücksfall und hat uns vielversprechende Optionen geöffnet. Sein Buch *Sociology in Portugal: A Short History*, das ebenfalls Bestandteil dieser Buchreihe ist, sowie seine Kommentare zu diesem Projekt haben maßgeblich dazu beigetragen, den besten Weg zum Abfassen unserer Texte zu finden.

Vom ersten Tag an, als er davon erfuhr, hat uns Professor Gerhard Preyer über Monate hinweg durch seinen Enthusiasmus und sein Interesse an diesem Projekt ermutigt. Seine häufigen E-Mails waren ausschlaggebend dafür, dass wir uns bei dieser Kurzdarstellung auf die Neuinterpretation der Geschichte der Soziologie in Brasilien konzentriert haben, um diesen kurzen Abriss zu verfassen.

Und schließlich wäre diese Arbeit nicht möglich gewesen ohne die umfangreiche Arbeit vieler brasilianischer Soziologen und deren Bemühungen, Antworten auf Fragen über Brasilien und die Förderung des sozialen Wandels in Brasilien zu finden.

Chicago, IL, USA   Veridiana Domingos Cordeiro und Hugo Neri
Oktober 2018

Lob für *Soziologie in Brasilien*

„In einem Land, das von Kolonialisierung, Sklaverei, Spätindustrialisierung und immenser sozialer Ungleichheit geprägt war, fanden Soziologen einen fruchtbaren Boden, um zu verstehen, wie sich Gesellschaften unter peripheren Bedingungen entwickeln. Cordeiro und Neri zeigen, wie die institutionelle Entwicklung dieser reichen soziologischen Tradition im frühen 20. Jahrhundert begann und welchen Beitrag sie später zur globalen Soziologie leistete."
    – Carlos Sell, *Universidade Federal de Santa Catarina, Brasilien*

„Das Buch stellt eine neue und längst überfällige Darstellung der brasilianischen Soziologie dar. Es ist ein aufschlussreiches Buch über die Soziologie in einem Entwicklungsland und ein Meilenstein für weitere Studien."
    – Gerhard Preyer, *Goethe-Universität Frankfurt am Main, Deutschland*

„Cordeiros und Neris ‚Soziologie in Brasilien' ist ein beeindruckender Versuch, die Existenz bedeutender soziologischer Traditionen außerhalb der europäischen und amerikanischen Soziologie zu belegen."
    – Helmut Staubmann, *Universität Innsbruck, Österreich*

INHALTSVERZEICHNIS

1 Einführung   1

2 Vor den 1930er-Jahren – Interpretation des Nationalstaats: Soziologische Fantasie im vorinstitutionalisierten Kontext   7

3 1930er- bis 1940er-Jahre – Institutionalisierung der Soziologie: Etablierung eines akademischen und wissenschaftlichen Umfelds   23

4 1950er- bis 1960er-Jahre: Goldene Ära der Konsolidierung der Soziologie   35

5 1964–1985: Diktatur und Gefährdung der Sozialwissenschaften   61

6 1985 bis 2000er-Jahre: Wiederaufbau der Soziologie in der neuen Demokratie   81

7 2010er-Jahre – Aktueller Stand der Entwicklung in der
  Soziologie: Graduiertenprogramme, akademische
  Karriere und Fachzeitschriften   93

8 Schlussbetrachtung   107

Literatur   115

Abbildungsverzeichnis

Abb. 7.1 Dissertationen und Masterarbeiten in der Soziologie zwischen 1988 und 2014 (eigene Darstellung auf Basis der Daten von CAPES) 97

Abb. 7.2 Geschlechterverteilung der an brasilianischen Universitäten tätigen Professoren in der Soziologie (eigene Darstellung auf Basis der Daten von CAPES) 98

Abb. 7.3 Altersverteilung der an brasilianischen Universitäten tätigen Professoren in der Soziologie (eigene Darstellung auf Basis der Daten von CAPES) 99

Abb. 7.4 Themen der in Brasilien erstellten Diplomarbeiten und Dissertationen im Fach Soziologie (eigene Darstellung auf Basis der Daten von CAPES) 101

TABELLENVERZEICHNIS

Tab. 1.1	Historische Kartierung	5
Tab. 5.1	Anzahl der grundständigen sozialwissenschaftlichen Studiengänge über die Jahrzehnte (Liedke Filho, 2005)	68
Tab. 6.1	Änderungen in den Lehrplänen der Schulen	85
Tab. 7.1	Sozialwissenschaftliche Studiengänge in Brasilien (eigene Darstellung auf Basis der Daten von CAPES)	96
Tab. 7.2	Ranking der in Brasilien veröffentlichten sozialwissenschaftlichen Fachzeitschriften (eigene Darstellung auf Basis der Daten von CAPES)	104

KAPITEL 1

Einführung

Zusammenfassung Brasilianische Soziologie befasst sich mit der Soziologie in Brasilien. Seit ihren Anfängen ging es in der soziologischen Forschung in Brasilien in erster Linie darum, die Gesellschaft des Landes zu verstehen. Mit dem gesellschaftlichen Wandel ging auch ein Wandel der Soziologie einher. Hier finden Sie einen Überblick über die Inhalte des Buchs sowie eine Tabelle, in der die historische Entwicklung zusammengefasst ist.

In einem Land mit 84 sozialwissenschaftlichen Studiengängen im Grundstudium, 56 soziologischen Studiengängen im Hauptstudium und einer Geschichte der Soziologie, die fast 130 Jahre zurückreicht, ist es eine anspruchsvolle Aufgabe, eine „kurze" Geschichte des Fachs zu schreiben. Es ist auch deshalb eine Herausforderung, weil die portugiesischsprachige Literatur zur Geschichte der Sozialwissenschaften in Brasilien besonders umfangreich ist. Wir haben diesem Buch den Untertitel „ein kurzer Überblick über die Institutions- und die Geistesgeschichte" gegeben, weil brasilianische Soziologen nicht nur das Fach Soziologie als solches unterrichten, sondern bereits seit dem Aufkommen der ersten soziologischen Ideen in Brasilien zusätzlich soziologische Interpretationen zu verschiedenen Phänomenen liefern. Eine schwierige Aufgabe ist es auch deshalb, weil es im Rahmen dieses Buchs unmöglich ist, die Relevanz jedes

© Der/die Autor(en), exklusiv lizenziert an Springer Nature Switzerland AG 2023
V. Domingos Cordeiro, H. Neri, *Soziologie in Brasilien*,
https://doi.org/10.1007/978-3-031-17570-1_1

einzelnen der vielen im Laufe dieser Jahre publizierten Beiträge und Erkenntnisse der Wissenschaftler vertiefend darzulegen, die für den historischen Abriss in diesem Werk ausgewählt wurden.

Angesichts der klassischen Autoren der Soziologie und der großen Werke des 19. und 20. Jahrhunderts ist es schwer, die Existenz soziologischer Traditionen außerhalb von Europa und Nordamerika zu belegen. Und obwohl wir die Literatur und die institutionellen Entwicklungen in unserem Fachbereich lediglich als „Soziologie in Brasilien" hätten darstellen können, haben wir uns dagegen entschieden und bezeichnen sie als „brasilianische Soziologie". Die europäische und die amerikanische Soziologie haben die brasilianische Soziologie natürlich beeinflusst, nichtsdestotrotz hat Brasilien sowohl in theoretischer als auch in empirischer Hinsicht ein völlig eigenständiges und unabhängiges Werk hervorgebracht. Diese innovativen Interpretationen gehen auf das späte 19. Jahrhundert zurück, als die Soziologie im Ausland noch nicht einmal klar definiert war. Aus diesem Grund befasst sich dieses Buch, anders als andere in dieser Reihe, mit der Geschichte der Soziologie in den Jahren lange vor 1945.[1] Die Zeit zwischen dem späten 19. Jahrhundert und der Mitte des 20. Jahrhunderts ist der Schlüssel zum Verständnis der gesamten Geschichte der Soziologie in Brasilien.

Wann immer es möglich war, haben wir versucht, nicht nur das zeitliche, sondern auch das fachliche Spektrum zu erweitern, da die brasilianische Soziologie stets enge Verbindungen und einen aktiven und wichtigen Dialog mit benachbarten Disziplinen wie der Anthropologie und den Politikwissenschaften gepflegt hat. Dieses Merkmal wird durch die Tatsache verstärkt, dass es in Brasilien auch heute noch keine ausschließlich auf Soziologie ausgerichteten Studiengänge gibt, sondern Studierende eine Kombination aus Soziologie, Anthropologie und Politikwissenschaften – oder manchmal auch andere Kombinationen wie Soziologie und Anthropologie oder Soziologie und Politik – wählen. Die Spezialisierung erfolgt in Master- oder Doktorandenstudiengängen auf Graduiertenebene. Die enge Verbindung zwischen den Sozialwissenschaften führte zu einem Paradoxon, das die gesamte brasilianische Soziologie kennzeichnet: Einerseits bestand in der Soziologie der Zwang, sich mit anderen Ansätzen auseinanderzusetzen und mit ihnen in einen Dialog zu treten; andererseits gab es immer wieder Versuche, sich zu emanzipieren und disziplinäre Grenzen zu ziehen, wie es in der Soziologie im Rest der Welt geschehen ist.

Diese emanzipatorische Bewegung war in Brasilien schon immer ein Merkmal der Soziologie und ihrer Nachbardisziplinen; sie umfasste jedoch nie den Versuch, die brasilianische von der ausländischen Soziologie loszulösen, vor allem weil die in den portugiesischsprachigen Ländern entstandenen Soziologien fast nicht im Austausch oder Dialog miteinander standen. Laut den Ausführungen von Filipe Carreira da Silva in seinem Buch *Sociology in Portugal: A Short History* (2016) hatten die brasilianische und die portugiesische Soziologie nur sehr wenige Kontakte, da sie eigenen Wegen folgten. Das Gleiche gilt für die Soziologie in den portugiesischsprachigen Ländern Afrikas. Sicherlich verarmte die brasilianische Soziologie als Folge dieser wenigen Kontakte. Diese Trennung sollte allerdings auch im Zusammenhang mit der Vorreiterrolle der brasilianischen Soziologie gesehen werden, die sich Jahrzehnte vor der Soziologie in anderen portugiesischsprachigen Ländern entwickelt hat.

Die Geschichte der brasilianischen Soziologie ist durch zwei klar definierte Perioden gekennzeichnet: eine vor und eine nach den 1930er-Jahren. In der ersten Periode wurden zwar weder Lehrveranstaltungen noch empirische Forschungen durchgeführt, aber es gab viele soziale Analysen der brasilianischen Gesellschaft, die von nicht spezialisierten Wissenschaftlern ausgearbeitet wurden, die hauptsächlich daran interessiert waren, fachunspezifische theoretische Grundsätze und Interpretationen der brasilianischen Gesellschaft zu formulieren. In den späten 1920er-Jahren gab es eine entscheidende Übergangsphase, als die Soziologie Teil der Grund- und Hochschulausbildung wurde. Insbesondere aufgrund ihrer Professionalisierung nahm gleichzeitig die Anerkennung der Soziologie als eine von anderen Fachgebieten getrennte Wissenschaft zu. In dieser Zeit, in der einige große Universitäten eröffnet und eine wissenschaftlichere und seriösere Herangehensweise an soziale Fragen gefördert wurden, verbreitete sich das soziologische Denken rasch. Nach den 1930er-Jahren begann offiziell die Geschichte der brasilianischen Soziologie, die seitdem Höhen und Tiefen durchlebt hat. Sie hat sich im Zuge der sozialen, politischen und wirtschaftlichen Veränderungen in vielerlei Hinsicht weiterentwickelt und erweitert und dabei institutionelle Größe, thematische Vielfalt und wissenschaftliche Konsolidierung erreicht – auch wenn die Zeit der militärisch orientierten Rechtsextremisten im Land die Sozialwissenschaften insgesamt gefährdet haben.

Seit ihrer Entstehung stützte sich die brasilianische Soziologie auf eine solide theoretische Grundlage, die auf die europäische und die amerikanische Soziologie, insbesondere auf die französische Tradition und die Chicagoer Schule, zurückgeht. Darüber hinaus ergaben sich die Studienobjekte immer aus der komplexen sozialen Realität in Brasilien. Die brasilianische Soziologie befasst sich nur selten mit dem „fernen Anderen", sondern vor allem mit eigenen Themen wie Rassenmischung, Kriminalität und Gewalt, dem Wachstum der Städte, politischen Prozessen, der einheimischen Bevölkerung, den Menschenrechten und dem religiösen Synkretismus, neben vielen anderen komplexen sozialen, kulturellen und politischen Phänomenen des hybriden und heterogenen Landes. Ein Satz, der dem berühmten Musiker und Dirigenten Tom Jobim (Antônio Carlos Jobim) zugeschrieben wird, ist zu dem geflügelten Spruch „Brasilien ist nichts für Anfänger" geworden, was auch für Sozialwissenschaftler gilt. Und darin steckt viel Wahres. Die Interpretation der brasilianischen Realität ist eine Aufgabe für Spezialisten und erfordert akkurate und vielfältige Theorien, Methoden und Daten. Fast einhundert Jahre lang haben brasilianische Soziologen (und ausländische Soziologen, die in Brasilien gearbeitet und über Brasilien geschrieben haben) sich engagiert und unermüdlich darum bemüht.

Das Buch fasst in fünf Kapiteln die gesamte Geschichte zusammen, von der vorwissenschaftlichen über die Übergangs- bis zur Konsolidierungsphase, und hebt die wichtigsten institutionellen Ereignisse und soziologischen Ideen hervor, die die brasilianische Soziologie auszeichnen. In einem weiteren Kapitel wird der aktuelle Stand der Entwicklung in der brasilianischen Soziologie der letzten Jahrzehnte dargestellt, indem Fachbereiche, Studiengänge, Zeitschriften, Fachwissenschaftler und die am intensivsten erforschten Themen vorgestellt werden. Dieser Versuch der Verdichtung und der Systematisierung der Geschichte der brasilianischen Soziologie zielt darauf ab, einen Überblick darüber zu vermitteln, wie das Fach mit abrupten historischen Veränderungen konfrontiert wurde, einschließlich der Gründung der neuen Republik, der Entstehung der Universitäten, zweier autoritärer Perioden, des Urbanisierungsprozesses, der Wiederherstellung der Demokratie, zweier Amtsenthebungen von Präsidenten und der neuen Herausforderung einer konservativen Wende. Wir haben im Text zudem kurze Fußnoten zur Geschichte ergänzt, die dem Leser helfen sollen, den historischen Kontext Brasiliens zumindest auf einer grundlegenden Ebene zu verstehen.

Brasilianische Soziologen erforschen seit den 1960er-Jahren die Geschichte des Fachs. In Bezug auf die vielen großartigen Arbeiten können zwei wesentliche Ansätze unterschieden werden: In dem einen Ansatz geht es darum, zu verstehen, inwieweit sich soziopolitische Ereignisse auf den Fachbereich auswirken; der andere befasst sich mit der Beschreibung von Ideen, Theorien und Methoden, die im Laufe der Jahre in Brasilien entwickelt wurden. Wir haben versucht, beide Ansätze zu kombinieren, um dem Leser einen hoffentlich vollständigen Überblick zu geben. In der Tab. 1.1 sind die wichtigsten Wissenschaftler, Themen und Einflüsse nach

1 EINFÜHRUNG

Tab. 1.1 Historische Kartierung

	1890-1910	1920	1930	1940	1950	1960	1970	1980	1990	2000	2010
Historische Charakterisierung	Pre institutionalization der Sozialwissenschaften	Einführung der Soziologie in die Hochschulbildung	Einrichtung von Grund- und Aufbaustudiengängen in Sozialwissenschaften		Goldene Ära der brasilianischen Soziologie		Diktatur und die Schaffung unabhängiger Forschungsinstitute		Wiederherstellung von Demokratie	Ausbau und Konsolidierung der Soziologie in Brasilien	
Intellektuelle	Nina Rodrigues		Fernando de Azevedo							Autorenvielfalt (Einflüsse auf Teilbereiche)	
	Euklides da Cunha		Gilberto Freyre			Florestan Fernandes	Fernando Henrique Cardoso				
	Silvio Romero	Oliveira Viana		Roger Bastide		Guerreiro Ramos	Maria Isaura de Queiroz				
	Paulo Egídio Oliveira		Robert E. Park	Donald Pierson			Octavio Ianni				
			Sergio Buarque de Holanda								
Intellektuelle Einflüsse	Ernst Haeckel					Émile Durkheim					
	Spencer		John Dewey	Karl Mannheim	Chicagoer Schule				Max Weber	Pierre Bourdieu	
	Cesare Lombroso		Hans Freyer							Michel Foucault	
	Auguste Comte		Franz Boas		Struktureller Funktionalismus				Karl Marx	Kritische Theorie	
Einrichtungen	Fakultät für Recht, Medizin und Ingenieurwesen		Soziologie in der Rechtswissenschaft, Pädagogik, Wirtschaft und Philosophie		Gründung der UNB		Gründung von privaten Instituten		Ausbau der Soziologie an den Bundesuniversitäten		
				Grundlage der USP	Gründung von Unicamp						
				Gründung des ESP	Gründung von IUPERJ						
Angelegenheiten	Rennen	Städtisches Wachstum	Rennen		Entwicklung		Demokratie und Autoritarismus			Gewalt und soziale Kontrolle	
	Fehlgeburt				Einwanderung					Soziale Bewegungen	
	Bildung des Nationalstaates	Koloniale Vergangenheit	Volkskunde		Bildung					Rennen	
					Modernisierungs-Theorie					Geschlecht	
	Nationale Identität	Handbuch der Soziologie	Soziologie des Wissens		Methodik					Religion	
										Kultur	

ihren Zeiträumen geordnet. Zusätzlich zu dieser Beschränkung wurde die Einteilung heuristisch vorgenommen, um die Komplexität der Beziehungen zwischen historischen Prozessen und Denkströmungen sowie Wissenschaftlern, Büchern, Gesetzen und Institutionen weiter zu vereinfachen. Der Inhalt und die Verbindungen innerhalb dieser Tabelle werden in den folgenden Kapiteln behandelt.

NOTE

1. Der Zweite Weltkrieg hat in der brasilianischen Soziologie keine zentrale Rolle gespielt. Daher konnte er auch kein Wendepunkt für die Entwicklung des Fachs in Brasilien sein.

KAPITEL 2

Vor den 1930er-Jahren – Interpretation des Nationalstaats: Soziologische Fantasie im vorinstitutionalisierten Kontext

Zusammenfassung Die Interpretation der brasilianischen Realität reicht sehr viel weiter zurück als die Institutionalisierung der Soziologie. Seit dem Ende des 19. Jahrhunderts veröffentlichten Autodidakten, Laien und Wissenschaftler aus anderen Fachbereichen ihre Ansichten zu kontextuellen Themen wie der Bildung des Nationalstaats, der Identität und der Rassenmischung. In dieser „sozialen Fantasie" setzten sie sich kritisch mit der brasilianischen Realität auseinander. Vorwissenschaftliche Schriften erschienen unter dem Einfluss des Kulturalismus und des Positivismus. Der kulturalistische Ansatz beeinflusste weitere Werke und begründete die Tradition des sogenannten Essayismus, in dem Literatur, Geschichte und Soziologie auf kreative Weise miteinander verbunden wurden. Der Positivismus verlor im Laufe der Jahrzehnte hingegen an Bedeutung. Diese ersten „sozialen Vordenker" hatten Visionen für viele der Themen, mit denen sich die Soziologie in Brasilien später beschäftigte.

Im Gegensatz zu den Spaniern, die seit Beginn der Kolonisation in den eroberten Ländern Universitäten errichteten, konzentrierte sich die Portugiesische Krone in den ersten drei Jahrhunderten der Kolonisation ausschließlich auf die Erforschung und die Ausbeutung von natürlichen Ressourcen. Im Jahr 1808 ließ sich der portugiesische Hof nach seiner Flucht vor der napoleonischen Belagerung in Brasilien nieder. Von diesem Zeitpunkt an entwickelte sich Rio de Janeiro nicht nur zur Residenz des Hofstaats, sondern auch zu einer kosmopolitischen Stadt europäischen Stils mit einer beträchtlichen politischen, wirtschaftlichen und kulturellen Bedeutung. Erst im 19. Jahrhundert zeigten sich in Brasilien mit der Gründung von Hochschulen und der Öffnung der Häfen erste Zeichen der Modernisierung. Die Ankunft der Krone wirkte wie ein Katalysator für den fortlaufenden Unabhängigkeitsprozess, den alle Kolonien der Neuen Welt in den vorangegangenen 50 Jahren durchlaufen hatten. Der langwierige Prozess des Bruchs mit der Monarchie endete mit dem Zerfall des Kolonialsystems und der Gründung des Nationalstaats. Das unabhängige Brasilien wurde 1822 als Kaiserreich gegründet, indem Prinz Pedro von Portugal ein Jahr nach der Rückkehr seines Vaters, König Dom João VI, nach Portugal die Unabhängigkeit von Portugal erklärte. Pedro wurde zum Kaiser Pedro I. seiner eigenen ehemaligen Kolonie.

Durch die Bildung des neuen Nationalstaats ergab sich die Erfordernis, zu verstehen, was ihn auszeichnete und in welche Richtung er sich entwickeln würde. Um diesen anspruchsvollen politischen und kulturellen geistigen Aufgaben gerecht werden zu können, musste ein angemessener institutioneller Rahmen geschaffen werden, da in Brasilien die einzigen höheren Bildungseinrichtungen medizinische Schulen und Militärschulen waren, von denen man nicht erwarten konnte, dass sie sich mit sozialen Fragen befassten und die sich auch nicht dazu herabließen. 1827 erließ der Kaiser ein Gesetz zur Schaffung der ersten juristischen Fakultäten, deren Aufgabe es sein sollte, Fragen und Antworten zur gesellschaftlichen Lage zu geben und das Rätsel der nationalen Identität zu verstehen und zu lösen: Was für eine Nation war dieses heterogene Land namens Brasilien? Die beiden ersten juristischen Fakultäten wurden in zwei Regionen des Landes gegründet: im Südosten – in São Paulo – und im Nordosten – in Olinda. Der Nordosten Brasiliens war die Wiege der portugiesischen Kolonisation und bis zum 18. Jahrhundert aufgrund der Zuckerproduktion die wichtigste Wirtschaftsregion; Recife war ihre bedeutendste Stadt. Nun übernahm São Paulo die Führung als treibende Wirtschaftskraft des Landes, da die Kaffeeproduktion an erste Stelle gerückt war. Beide Hochschulen für Recht übten einen starken Einfluss auf die Bildung der herrschenden Eliten und auf die politische Gesinnung im Kaiserreich aus. Die ersten Interpretationen der brasilianischen sozialen Wirklichkeit stammen von Wissenschaftlern aus diesen beiden Regionen, die fast alle einer der beiden juristischen Fakultäten angehörten.[1]

Nach vier Jahrzehnten geriet die Monarchie in eine Krise. Der Paraguayische Krieg (1864–1870)[2] ruinierte die brasilianische Wirtschaft. Er trieb die Abschaffung der Sklaverei voran, da viele Sklaven im Krieg für das Kaiserreich kämpften. Als das Kaiserreich 1888 das Ende der Sklaverei verkündete, verlor es die politische Unterstützung der Konservativen, während sich gleichzeitig der republikanische Gedanke in der Gesellschaft und insbesondere im Militär verbreitete. Die Republik wurde 1889 nach einem Militärputsch ausgerufen. Mit dem Wechsel der brasilianischen Staatsform 1889 von der Monarchie zur Republik setzte eine neue Welle von Hochschulgründungen ein. In den ersten beiden Jahrzehnten der neuen brasilianischen Republik wurden 27 weitere Einrichtungen gegründet. Triebfeder dieser Expansion war zum Teil der Glaube an die Modernisierung, den die Militärs und die Politiker teilten, die 1889 die Republik ausriefen. Quelle ihres Glaubens war der Positivismus. Obwohl sein Hauptvertreter der Franzose Auguste Comte war, der zufällig auch den Begriff „Soziologie" geprägt hat, erlebte der Positivismus gerade in Brasilien eine Blütezeit als politischer und staatsbürgerlicher Rahmen. Seine Bedeutung wird manchmal übersehen, aber sein Einfluss war in Brasilien so stark, dass man noch heute Gebäude mit „positivistischer Architektur" findet, die auf Geheiß der Machthaber der Alten Republik (1889–1930) errichtet wurden, daneben gibt es im Süden und Südosten Brasiliens „positivistische Kirchen". Dieser starke Einfluss ist sogar im Motto der Nationalflagge „Ordnung und Fortschritt" zu erkennen. Für einen Teil der brasilianischen Eliten war der Positivismus eine Ideologie, die Modernität anstrebte und autoritäre Mittel zu ihrer Erreichung rechtfertigte.

Diese neue republikanische Gesellschaft war damit konfrontiert, herauszufinden, was es bedeutete, eine ehemalige Kolonie zu sein, musste ihren Nationalcharakter finden und definieren und sich gleichzeitig mit der jüngsten Vergangenheit des Landes als Sklavenstaat, dem Status der indigenen Bevölkerung und der Einwanderung auseinandersetzen. Die brasilianische Bevölkerung setzte sich aus amerikanischen Ureinwohnern, ehemaligen afrikanischen Sklaven[3] und europäischen Einwanderern zusammen, sodass das Thema „Rassenmischung" im Mittelpunkt der intellektuellen und politischen Diskussion stand. Aus der Sicht der politischen und intellektuellen Eliten dieser Zeit, die die Lehren des Positivismus teilten, war die Richtung klar: Um den Status eines modernen Landes zu erreichen, musste eine „moderne tropische Zivilisation" das Ziel dieses Prozesses sein.

Zu Beginn des 20. Jahrhunderts hatten die Wissenschaftler, die bestrebt waren, das Land zu verstehen, keine formale Ausbildung in Sozialwissenschaften, sondern waren in Literatur, Journalismus und vor allem Jura bewandert. Da es weder das Fach Soziologie noch eine sozialwissenschaftliche Institutionalisierung gab, existierte hierfür noch keine Ausbildungsstätte. Dennoch waren sie mit den anthropologischen, politischen und soziologischen Theorien ihrer Zeit vertraut. Sie wurden stark von vier theoretischen Ansätzen beeinflusst: dem Positivismus von Auguste Comte (1798–1857), dem Evolutionismus oder Sozialdarwinismus von Herbert Spencer (1820–1903), der anthropologischen Kriminologie von Cesare Lombroso (1835–1909) und der Humanökologie von Ernst Haeckel (1834–1919). Obwohl diese Wissenschaftler hochgebildet (wenn auch Autodidakten) und gut informierte Kenner der vorsoziologischen Ideen, manchmal sogar der in Europa verbreiteten soziologischen Ideen waren, kann man sie nicht als Soziologen oder Sozialwissenschaftler bezeichnen, vor allem, weil sie ihre Studien nicht auf empirische Forschung stützten. Zwar gab es empirische Beobachtungen, z. B. von Euclides da Cunha, der Zeuge des Massakers in Canudos war,[4] aber keine systematische Datenerfassung und keinen theoretischen Rahmen für die Auseinandersetzung mit ihren Ideen. Sie schlugen weder Theorien zur Erklärung sozialer Phänomene in Brasilien oder im Allgemeinen vor noch schafften sie einen Rahmen für weitere Untersuchungen. Als Wissenschaftler mit hauptsächlich juristischer Ausbildung zogen sie es vor, in ihren Studien die theoretische Einordnung von Ideen darzulegen.

Trotz ihres positivistischen Ansatzes setzten sich diese Wissenschaftler erstmals mit der brasilianischen Realität auseinander und lieferten eine Fülle von Erkenntnissen über sie. Silvio Romero, Euclides da Cunha, Nina Rodrigues und Oliveira Viana waren der Idee der Modernität verpflichtet, die sich an den Maßstäben europäischer und nordamerikanischer Länder orientierte. Ihre Erklärungen zur Rassenproblematik waren stark von der eugenischen Sichtweise beeinflusst, nach der die Modernisierung des Landes durch eine Aufhellung der Hautfarbe erreicht werden sollte.

Einige Jahrzehnte später versuchte eine Generation junger Künstler und Intellektueller[5] entgegen der orthodoxen positivistischen Auffassung von der Moderne, Brasiliens einzigartige Eigenschaften als kulturellen Schmelztiegel zu würdigen. Sie verfassten Werke, in denen die Soziologie und die Literatur verbunden wurden und die stark vom Kulturalismus, dem sogenannten Essayismus, beeinflusst waren. Diese Werke waren von größter Bedeutung, da ihre Verfasser Hypothesen aufstellten, Einsichten vermittelten und Fragen aufwarfen, die später von der brasilianischen Soziologie nach den 1930er-Jahren umgestoßen, akzeptiert oder gelöst wurden. Die Institutionalisierung der Soziologie als eigenständiger Fachbereich vollzog sich in den 1920er-Jahren in einem überschäumenden soziokulturellen und politischen Umfeld, das eine genaue Interpretation seiner schnellen Veränderungen erforderte. Die Lehre der Soziologie in Graduiertenkursen, die erste soziologische Zeitschrift, das erste soziologische Handbuch sowie die Formulierung einer Absichtserklärung, Grundkurse in Sozialwissenschaften einzuführen, entstanden in diesem Jahrzehnt.

Erste Einblicke in die soziale Wirklichkeit Brasiliens: Eine positivistische Darstellung

In den ersten Werken[6] von Silvio Romero (1851–1914) können wir das Gründungsmerkmal der Soziologie in Brasilien erkennen. Zugegebenermaßen plädiert er darin für die Autonomie der Soziologie auf der Grundlage der Theorie von Spencer. Romero vertrat das Konzept der „überorganischen Produkte" als grundlegende und irreduzible Schöpfungen des Menschen, die wir in Religion, Wirtschaft, Politik, Ästhetik und Wissenschaft finden können. Er räumte auch der empirischen Forschung eine unverzichtbare Rolle ein und verteidigte die Sammlung und die Systematisierung mündlicher Traditionen, insbesondere von Volksgedichten und -liedern. In der letzten Phase seines intellektuellen Schaffens übernahm und förderte er die Methoden der Schule von Le Play[7] in Kombination mit den anthropologischen und soziologischen Theorien von Lapouge und Ammon. Obwohl spätere Intellektuelle nicht unbedingt seinem theoretischen und methodischen Erbe gefolgt sind, war Romero der wichtigste Akteur bei der Einführung monografischer Studien und einer systematischeren Interpretation der sozialen Wirklichkeit in Brasilien. Darüber hinaus legte er die ersten allgemeinen Leitlinien für die Interpretation der kulturellen und der institutionellen Entwicklung anhand von Rassen- und Umweltvorstellungen fest.

Die nationale Identität blieb auch nach der Unabhängigkeit im Jahr 1822 unklar, und die Intellektuellen der damaligen Zeit diskutierten häufig über dieses Thema. Der Journalist Euclides da Cunha (1866–1909) schrieb ein wichtiges Buch mit dem Titel *Os Sertões* (Rebellion im Hinterland), das 1902 erschien und in dem er die tragische Geschichte von Canudos darstellte, einer tausendjährigen Bewegung im Hinterland der nordöstlichen Region Brasiliens, die eine Gemeinschaft von etwa 30.000 Menschen betraf, die von den Kräften der neuen Republik unterdrückt wurde. Angeführt wurde die Bewegung von Antônio Conselheiro (Antonio dem Ratgeber), einer charismatischen Persönlichkeit. Zum ersten Mal zeigte sich die Prägung der sozialen Struktur Brasiliens durch den Konflikt zwischen den ländlichen Gemeinden und der fortschrittlichen Bevölkerung an der Küste. Die beiden Gruppen verfolgten unterschiedliche soziale Ziele, wobei Letztere die erstgenannte Gruppe einfach als „irrational" betrachteten. Die Menschen auf dem Land standen für die Vergangenheit und den sozialen Rückstand, während die Menschen an der Küste mit der Zukunft, dem Fortschritt und dem städtischen Wachstum in Verbindung gebracht wurden. In seiner Charakterisierung des Volks von Canudos berief sich Euclides da Cunha auf die natürliche Umgebung als Quelle determinierender Faktoren zur Erklärung von Handlungen und Verhalten; manchmal stellte er auch Analogien zwischen der natürlichen und der sozialen Welt her. Seine theoretische Argumentation stützte sich auf Lamarcks Idee zur Vererbung erworbener Eigenschaften, eine Theorie, die zu diesem Zeitpunkt noch nicht widerlegt war. Er beschrieb auch die aufkommende soziale Bewegung der Verantwortungsträger als „eine unverständliche Ausbreitung von Unsinn, Fehlinformationen und Irrationalität unter Menschen, die die Weisheit der Autorität nicht erkennen" (Celarent, 2017, S. 163). Sein Buch *Os Sertões* war der Ausgangspunkt für eine systematischere Analyse der brasilianischen Gesellschaft, in der die früheren juristischen Interpretationen fortgeführt wurden.

Francisco José de Oliveira Viana (1883–1951) war ein Wissenschaftler mit juristischer Ausbildung, der Studien über die soziale Fantasie Brasiliens durchführte. Er stellte die These auf, dass liberale Ideen für Brasilien ungeeignet seien. Zur Untermauerung seiner Behauptung definierte er den nationalen Charakter als im Wesentlichen atomisiert: Die Brasilianer eigneten sich nicht für die Pflege kollektiver Werte. Dieser Nationalcharakter sei das Ergebnis sowohl der Kolonisation als auch geografischer Faktoren. Ersteres sei nicht nur Ausdruck wirtschaftlicher Ausbeutung, sondern auch das Erbe der iberischen Kultur und Ethik, die nicht liberal waren. Letztere repräsentierten die agrarische Bestimmung des Landes. Die brasilianischen Eliten stünden jedoch unter dem Einfluss britischer und französischer liberaler Ideen, die die Art und Weise, wie Wirtschaft, Institutionen und Politik gestaltet wurden, beeinflussten. Durch die Ein-

2 VOR DEN 1930ER-JAHREN – INTERPRETATION DES NATIONALSTAATS ...

führung dieser unpassenden fremden Werte seien die brasilianischen Rechtsstrukturen von der brasilianischen Realität abgekoppelt worden. Diese liberalen Werte seien auch insofern schädlich, als der freie Wettbewerb unter *Ungleichen* die Unterschiede, insbesondere regionale Unterschiede, verstärken würde. Für Oliveira Viana würde dieser Prozess unweigerlich zur Stärkung lokaler Oligarchien und zu Separatismusbewegungen führen – etwas, das im Bundesstaat São Paulo tatsächlich geschah. Fremde Ideen führten zu antibrasilianischen Ideen; daher störe der Liberalismus den nationalen Zusammenhalt.

Im Gegensatz zum Liberalismus trat er für einen zentralisierten Staat mit starker Exekutivgewalt ein. Dies würde die Überwindung des sozialen Atomismus bedeuten, indem die auf dem allgemeinen Wahlrecht basierende Demokratie durch ein Klassen- oder Unternehmenswahlrecht ersetzt würde. Dies würde auch die ungebildeten Massen vom politischen Prozess ausschließen. Die Vorstellungen von Oliveira Viana wurden von Vilfredo Paretos Idee der herrschenden Eliten beeinflusst. Seiner Meinung nach bräuchte Brasilien eine echte Führungselite, ein soziales Merkmal, das nach dem Übergang vom Kaiserreich zur Republik verloren gegangen war. Allerdings assoziierte er die herrschenden Eliten mit einer weißen Elite, die der gemischtrassigen Bevölkerung überlegen war. Er lobte auch die Idee eines starken weißen Führers, der einem Mann verblüffend ähnlich war, der erst Jahre später auftreten sollte – Getúlio Vargas. Seine eugenischen Ideen gingen so weit, dass er Maßnahmen gegen die japanische Einwanderung forderte.

Am Ende des 19. Jahrhunderts war die Rassenmischung ein besonders heikles Thema, zumal die Sklaverei erst 1888 abgeschafft worden war. Bis zu diesem Zeitpunkt stand in Studien die Rasse im Vordergrund. Zu diesem Zeitpunkt wurde das Thema Rassenmischung häufig so interpretiert, dass sexuelle Beziehungen zwischen den drei großen brasilianischen Ethnien (Schwarze, Indigene und Weiße) die kulturelle und biologische Entwicklung des Landes behindern würden. Diese Auffassung beruhte auf den Theorien des italienischen Kriminologen Cesare Lombroso (1835–1909), die von dem Arzt Nina Rodrigues (1862–1906) in Brasilien eingeführt wurden. Nina Rodrigues beeinflusste rassistische Interpretationen der Entwicklung des Landes. Solche Interpretationen wurden einige Jahrzehnte später widerlegt, und heute wird alles, was einer rassistischen Interpretation nahekommt, strikt abgelehnt und geächtet. Rodrigues vertrat auch die wirtschaftliche Idee der „agrarischen Berufung", die Ende der 1960er-Jahre widerlegt wurde.

In diesem Sinne schrieb Paulo Egídio de Oliveira Carvalho Bücher, in denen er die natürliche Entartung der schwarzen Rasse, die zu Kriminalität führe, darlegte.[8] Als Jurist beschäftigte er sich ebenfalls mit strafrechtlichen Fragen, wobei er seine juristischen Ausführungen mit rassistischen Erklärungen „auflockerte". Als kenntnisreicher Anhänger von Durkheims Theorie untersuchte[9] Paulo Egídio zwei Durkheim'sche Prämissen, die auf die brasilianische Realität zutreffen könnten:[10] (a) Kriminalität ist ein „normales" Phänomen, und (b) die Beziehung zwischen Fortschritt und Kriminalität. Obwohl er die erste Prämisse verwarf (und sich damit dem Lombroso'schen Argument annäherte), akzeptierte er die zweite und bekräftigte die vorherrschenden Ansichten über die Notwendigkeit wissenschaftlicher Konzepte zur Verbesserung des Strafrechtssystems.

Die Soziologie dieser Zeit implizierte eine fortschrittliche Mentalität oder einfach „Fortschritt" (Chacon, 1977). Aber auch in dieser Zeit gab es Widerstand gegen die positivistische und sozialdarwinistische Orthodoxie in Brasilien. So lehnte Tobias Barreto, der bei Haeckel studiert hatte und an der juristischen Fakultät von Recife, die zuvor in Olinda angesiedelt war, unterrichtete, sozialdarwinistische Erklärungen ab und vertrat Ende des 19. Jahrhunderts den Neukantianismus und den Kulturalismus.[11] Der Ansatz des Kulturalismus sollte sich später durchsetzen.

Essayismus, ein aufstrebendes Genre

Der Versuch, eine „allgemeine Theorie für Brasilien" auf der Grundlage des Positivismus und der sozialdarwinistischen Orthodoxie zu entwickeln, verlor in den ersten beiden Jahrzehnten des 20. Jahrhunderts allmählich an Kraft. Die meisten der ursprünglichen Themen blieben jedoch bestehen: Sklaverei, Rassenmischung und kulturelle Bildung. Obwohl sie immer noch außerhalb des akademischen und des wissenschaftlichen Mainstreams standen, bildete sich ein eigentümliches, undefiniertes Genre heraus: der Essayismus. Er war ein Zeichen für eine Erneuerungsbewegung, die Wissen aus vielen Bereichen miteinander verknüpfte: Soziologie, Anthropologie, Literatur, Psychologie, Wirtschaft und Geografie.[12] Es fehlte eine klare Organisation, auch wenn sich die Autoren um gemeinsame Interessengemeinschaften gruppierten und sich zu Konflikten und internen Auseinandersetzungen positionierten; und sie war weder durch eine definierte theoretische Strömung gekennzeichnet noch durch ein Forschungsprogramm geleitet, noch zielte sie darauf ab, ein einheitliches System aufzubauen. Die „Essayisten" bevorzugten einen Erzählstil im ständigen Spannungsfeld zwischen Enthüllung und Bloßstellung und waren stets darauf bedacht, einen Blick auf das Ganze zu werfen, von dem das untersuchte Thema ein Teil war.

Wie andere Formen des sozialen Wissens ist der „Essay" nicht nur eine äußere Beschreibung der Gesellschaft, sondern fungiert reflexiv als eine Art Metasprache – in diesem Fall der brasilianischen Gesellschaft selbst –, die an der Gestaltung breiterer sozialer Prozesse wie der Konstruktion des Nationalstaats, der nationalen Identität und der Rassenmischung beteiligt ist. Darüber hinaus befassten sich die Aufsätze mit vergangenen gesellschaftlichen Ereignissen und ihrem Einfluss auf gegenwärtige und künftige Ereignisse. Aufgrund seines freien und offenen Charakters entstanden im Essayismus viele Hypothesen und Problembeschreibungen, auch wenn die Antworten und Lösungen allgemein und empirisch dürftig waren. Interessanterweise erlebte der Essayismus seine Blütezeit zur gleichen Zeit wie die Institutionalisierung der Soziologie und wurde in diese integriert.

Unter den vielen wichtigen und schönen essayistischen Werken sind die folgenden drei vielleicht die wichtigsten: *Casa-Grande & Senzala* (1933), *Herrenhaus und Sklavenhütte*, und *Sobrados e Mucambos* (1936), Villen und Hütten, beide von Gilberto Freyre (1900–1987); sowie *Raízes do Brasil* (1936), *Die Wurzeln Brasiliens*, von Sérgio Buarque de Holanda (1902–1982).

Gilberto Freyre wurde im Nordosten Brasiliens als Sohn eines angesehenen Professors an der juristischen Fakultät von Recife geboren. Nach seinem Schulabschluss ging er in die Vereinigten Staaten, um sein Grundstudium an der Baylor University zu absolvieren, gefolgt von einem Master-of-Arts-Studium an der Columbia University, an der er in den 1920er-Jahren seinen Abschluss machte. Franz Boas war dort Professor. Daneben hatte Freyre bedeutende Kollegen wie Margaret Mead, Ruth Benedict und sogar Edward Sapir. Während seiner Zeit an der Columbia University wurde Freyres Interpretation von Franz Boas, Georg Simmel und allen voran Hans Freyer beeinflusst. Er übernahm sogar Freyers Definition der Soziologie als „die Wissenschaft der menschlichen Wirklichkeit". Freyre konzentrierte sich auf die Analyse sozialer Einrichtungen und sozialer Strukturen und versuchte, die Verbindung zwischen Rasse und Kultur zu überwinden. Das fiel nicht nur in Brasilien, sondern in der ganzen Welt in eine aus ethischer Sicht sehr schwierige Phase, da Rassismus und Ariertum aufkamen. Der Historiker Thomas Skidmore argumentiert in *Black into White* (1974), dass der Rassismus in Brasilien zu einer

Staatsethik geworden war. In diesen Kontext ist Freyres Werk einzuordnen. Freyre war in der Lage, den Einfluss von Spencer auf sein Denken vollständig zu überwinden, da er in diesen Jahren in New York eine einzigartige wissenschaftliche Erfahrung machte.

Für ihn war die Veränderung der Situation der Schwarzen eng mit der Veränderung der Gesellschaftsstruktur selbst verbunden. In *Casa-Grande & Senzala* wandte er sich gegen die vorherrschenden rassistischen Auffassungen, wonach Rassenmischung und sexuelle Kontakte zwischen verschiedenen ethnischen Gruppen zu biologischer und kultureller Sterilität führen würden, was eine nationale Entwicklung unmöglich mache. Im Gegensatz dazu betonte Freyre in seinen Arbeiten den Wert indigener und afrikanischer Einflüsse sowie die Würde von Menschen gemischter Herkunft und die inkonsistente Verbindung der Traditionen, die für die portugiesische Kolonisation charakteristisch waren. Diese Analyse wurde durch den Kulturalismus von Franz Boas beeinflusst, der es ihm ermöglichte, den Begriff der Rasse und der Kultur zu trennen, indem er Letzterer den absoluten Vorrang bei der Analyse des sozialen Lebens einräumte und erstmals das „Soziale" als eigenständige Erklärungskategorie für die Entstehung der brasilianischen Gesellschaft darstellte. Freyre sah in der Rassenmischung einen günstigen Faktor, der die Entstehung einer überlegenen Gesellschaft ermöglichte, in der sich die drei Ursprungsethnien (Indianer, Weiße und Schwarze) gegenseitig positiv ergänzen würden.

Er untersuchte auch, auf welche Weise Indigene, Schwarze und Weiße zusammenwirken. In *Casa-Grande & Senzala* legt er dar, wie die sexuelle Beziehung zwischen weißen Männern und schwarzen oder indigenen Frauen eine der Säulen der brasilianischen Gesellschaft bildete. Die Besiedlung und ihr Voranschreiten im Laufe der Jahrhunderte wurde durch das zweigliedrige sozioökonomische System aus patriarchalischer Familie und Plantage unterstützt. Das Herzstück des Plantagensystems, das Haus des Hausherrn, ermöglichte sexuelle Beziehungen zwischen Europäern und einheimischen sowie schwarzen Menschen. Dabei handelte es sich ihm zufolge eher um einen „sexuellen Rausch" als um eine „sexuelle Verbrüderung", der den Sadismus der weißen Männer, die Grausamkeit der weißen Frauen sowie die Verweigerung einer gleichberechtigten und einvernehmlichen Beziehung offenbart.

In *Sobrados e Mocambos* interpretierte Freyre den Aufstieg der städtischen Hierarchien, in denen er eine zentrale Figur, den „Mulatten", ausmachte. Dieser Veränderungsprozess begann mit der Ankunft des portugiesischen Hofs in Brasilien im Jahr 1808. Mit dem Niedergang der ländlichen Aristokratie wurde die städtische Entwicklung vorangetrieben und die staatliche Verwaltung zentralisiert. Neue „triumphierende Kräfte" setzten sich gegen die alte Agrarordnung durch, und die brasilianische Gesellschaft erhielt neue Mitglieder – Kaufleute, Junggesellen und Ärzte. Infolge kultureller und sozialer Prozesse, die mit der Rassenmischung einhergingen, wurden Mulatten und Junggesellen in einer Person verschmolzen. Die „Mulatten-Junggesellen" waren das Ergebnis von Beziehungen zwischen weißen Männern und Sklavinnen, die Freyre bereits in *Casa-Grande & Senzala* untersucht hatte. Die Mulatten-Junggesellen ließen sich ihr Studium in Europa oft von den weißen Männern bezahlen, mit denen sie blutsverwandt waren.

Sie brachten eine europäisch geprägte bürgerliche Lebensweise mit nach Brasilien. Sie hatten völlig andere Vorstellungen als die traditionellen Patriarchen und lebten ein anderes Leben. Nach und nach, als diese Junggesellen zunehmend die bürokratischen Kader bildeten, flossen diese Ideen und diese Lebensweise in wichtige Bereiche des brasilianischen Staats ein. Die sexuellen Beziehungen zwischen Sklavinnen und Herren und die Beteiligung der Mulatten an der bürokratischen Sphäre bildeten die Grundlage für die Formulierung der „These der Rassendemokratie". Diese besagt, dass der Rassismus in Brasilien weniger stark ausgeprägt sei als in anderen Ländern, beispielsweise in den Vereinigten Staaten. Damals galt diese These als Erklärung für die Rassenbeziehungen in Brasilien durchaus als akzeptabel; Jahrzehnte später wurde sie jedoch weithin abgelehnt, insbesondere von einem der Vorreiter der Konsolidierung der Soziologie in Brasilien, Florestan Fernandes, der Freyres These als „Mythos der Rassendemokratie" bezeichnete.

Ein weiterer wichtiger Essayist, der versuchte, die Gegenwart zu interpretieren, indem er auf die koloniale Vergangenheit zurückgriff, war Sérgio Buarque de Holanda. Er betonte die Inkohärenz der Einführung und der Verbreitung einer europäischen Kultur in einem Gebiet mit widrigen natürlichen Bedingungen, für die die Tradition der neuen Kultur völlig fremd war. Er definierte Kultur sehr weit und betonte die negativen Folgen der Übernahme europäischer Umgangsformen, Gewohnheiten, Institutionen und Ideen. Auch Gegenargumente, dass es sich bei der europäischen Kultur um die iberische und nicht um die vorherrschende nordwesteuropäische Kultur handelte, brachten ihn nicht dazu, seine Meinung zu ändern. In der iberischen Kultur wurden individuelle Verdienste und Autonomie gegenüber Hierarchien, starken Organisationsformen und Verbänden bevorzugt. Das Fehlen von Solidarität führte zu einem freieren sozialen Organisationsformen und zu mehr Raum für soziale Kohärenz. Ohne die Notwendigkeit, einen starken Feudalismus zu bekämpfen, war das iberische Bürgertum in der Lage, Allianzen zu schmieden, um leichter der durchlässigen Aristokratie beizutreten. Die Regierung wiederum konstituierte sich als äußere Kraft, die die politische Organisation künstlich aufrechterhielt. Ein weiteres Merkmal der iberischen Kultur war die Ablehnung einer auf Arbeit basierenden Moral, die im Gegensatz zur vorherrschenden protestantischen Ethik stand. Buarque de Holanda zufolge führten das Fehlen einer auf Arbeit basierenden Moral und eine schwache soziale Organisation in Verbindung mit einer hohen Wertschätzung von Freundschaft dazu, dass der Staat Gehorsam als einzigen Weg zur Etablierung von Disziplin im Land ansah.

Ein weiteres iberisches Erbe war die portugiesische Art der Kolonisation. Die Spanier kamen 1492 in Amerika an, die Portugiesen 1500. Die Kolonisation erfolgte in den folgenden Jahrzehnten. Im Gegensatz zu ihren Nachbarn, die ihre Kolonien als eine Erweiterung Spaniens verstanden, betrachteten die Portugiesen Brasilien lediglich als Handels- und Ausbeutungsgebiet. Daher bauten die Portugiesen keine stabilen städtischen Zentren auf, wie es die Spanier taten. Die Spanier drangen in das Land vor und planten und bauten Städte, während sich die Portugiesen planlos an der Küste niederließen. Im Gegensatz zu den geplanten spanischen Territorien wurde das brasilianische Territorium „organisch" und ohne vorherige oder aufgezwungene Ordnung besetzt.

Der „Charakter des Junggesellen" findet sich auch in Buarque de Holandas Schriften als wichtigstes Merkmal im Urbanisierungsprozess wieder. Seiner vorherigen Argumentation zufolge strebte das iberische Ethos nach freien Berufen, in denen die individuelle Persönlichkeit hoch angesehen war. Eines der Hauptmerkmale des brasilianischen Ethos sei jedoch der von Buarque de Holanda als solcher benannte „herzliche Mensch". Der herzliche Mensch repräsentiere den emotionalen und informellen Charakter der brasilianischen Bevölkerung. Die Milde, die Leidenschaft und die Zuneigung des herzlichen Menschen würden in der Familie kultiviert, wo Emotionen vorherrschen und die Rationalität zurückgestellt werde. Für Buarque de Holanda trug – neben den engen Beziehungen zwischen der Regierung und den herrschenden Klassen – der herzliche Mensch dazu bei, die Schwierigkeiten bei der Konsolidierung der modernen Gesellschaft zu erklären, ohne den vorherrschenden Patriarchalismus und den Patrimonialismus aufrechtzuerhalten.

Ein weiterer bemerkenswerter Essayist war Antonio Candido (1918–2017) mit seinem Werk *Os Parceiros do Rio Bonito* (1964), Die Partner des schönen Flusses. Obwohl er einer späteren Periode angehört, ist das Werk von Antonio Candido der essayistischen Linie zuzuordnen. Er versucht, den Lebensstil und die Lebensbedingungen der „caipira" zu charakterisieren, die im Bundesstaat São Paulo lebten. Das Wort „caipira" stammt aus einer brasilianischen Sprache, dem Tupi, und bedeutet „Buschmäher", womit die Bewohner ländlicher Gebiete gemeint sind.

Kurz gesagt spielte der Essayismus nicht nur als Wendepunkt für die brasilianische Soziologie eine Rolle, sondern auch für die allgemeine Interpretation der Vergangenheit des Landes und für die Ausformung des Nationalcharakters. Der Essayismus war zweifellos eine Bezugsgröße für die wissenschaftliche Soziologie, da in ihm Fragen aufgeworfen wurden, die weiter untersucht wurden, und er Reaktionen auf den freien Schreibstil hervorrief.

Auf dem Weg zur Institutionalisierung, eine Übergangszeit

In diesen vier Jahrzehnten von der Gründung der Republik bis in die 1930er-Jahre haben viele Intellektuelle kritische soziologische Interpretationen der sozialen, kulturellen und politischen Wirklichkeit in Brasilien erarbeitet. Obwohl dieses Wissen in unterschiedlichen Formen aufbereitet und verfasst wurde – manchmal weniger genau, als wissenschaftlich erforderlich –, verbreiteten sich dadurch soziologische Ideen und der Boden für eine neue Phase der Professionalisierung und der Institutionalisierung wurde bereitet. Diese Arbeit trug dazu bei, die wesentlichen Merkmale der brasilianischen Wirklichkeit zu identifizieren, diese zu klären sowie eine kohärente Sichtweise und Erklärungskriterien für das Land zu schaffen. Es wurden einige bedeutende Schritte in Richtung der Bewertung der Ethnien in der brasilianischen Gesellschaftsstruktur, der kulturellen Komplexität des brasilianischen Ethos und der kolonialen wirtschaftlichen Vergangenheit als bestimmendem Faktor für die brasilianische Entwicklung unternommen.

Nachdem sich die soziologischen Ideen hinreichend verbreitet hatten, wurde die Soziologie in den 1920er-Jahren schrittweise als Fach in die Lehrerausbildung, in technische Studiengänge und in einige Universitätsstudiengänge eingeführt. Diese Kurse schufen eine Nachfrage nach Handbüchern der Soziologie, Wörterbüchern und anderen Fachtexten. Dies veranlasste die Verleger, nationale und internationale Bücher über Soziologie in Auftrag zu geben. Zu dieser Zeit erschien die erste brasilianische soziologische Zeitschrift *Sociologia* und die erste Buchreihe *Leituras Sociológicas*, Soziologische Lektüren, die sich ausschließlich mit Soziologie befasste.

Bis dahin waren die meisten der in Brasilien erhältlichen Handbücher der Soziologie importiert und übersetzt worden. In den 1920er- und 1930er-Jahren wurde damit begonnen, ausländische Bücher durch nationale Texte zu ersetzen. Zwei Bücher haben sich auf dem Markt der Soziologie besonders hervorgetan: *Lições de Sociologia* (1932), Soziologische Lektionen, verfasst von Achiles Archero Jr. (1907–2000), sowie *Princípios de Sociologia* (1935), Grundsätze der Soziologie, von Fernando de Azevedo. Letzteres bietet eine systematische und kritische Erläuterung der soziologischen Ideen, die in den unmittelbar vorangegangenen Jahrzehnten in Brasilien entwickelt wurden. Es wurde zu einem Standardwerk für Lehrer und Studenten im ganzen Land.

Neben dem fachlichen Kontext entwickelten sich im breiteren soziokulturellen und politischen Umfeld die Institutionalisierung der Lehre der Soziologie im Grundstudium und die Professionalisierung der Arbeit von Sozialwissenschaftlern. Zwischen den 1920er- und den 1930er-Jahren gab es viele Veränderungen im Land, z. B. den Industrialisierungsprozess, die Entstehung sozialer Bewegungen (insbesondere der Arbeiter- und Gewerkschaftsbewegung) und das Aufkommen starker kultureller Bewegungen. So fand beispielsweise 1922 in São Paulo die „Semana de Arte Moderna", die Woche der modernen Kunst, statt. Damit wurde der tiefgreifende Umbruch der künstlerischen Darstellungsformen in Literatur, Tanz, Malerei, Bildhauerei, Poesie und Musik gewürdigt, und sie ist Ausdruck der Experimentierfreudigkeit und der kreativen Freiheit, die der Modernismus mit sich brachte. In diesem Szenario spiegelt sich die Forderung nach mehr Reflexion über die Ausrichtung der Gesellschaft wider. Der Boden war bereitet, und die Soziologie konnte endlich zu ihrer institutionellen und unabhängigen Position aufsteigen, zu einem spezialisierten, eigenständigen Wissensgebiet mit angemessener akademischer und gesellschaftlicher Anerkennung in Brasilien.

Notes

1. Später zog die juristische Fakultät von Olinda nach Recife, der am weitesten entwickelten Stadt der nordöstlichen Region, und die juristische Fakultät von São Paulo wurde in den 1930er-Jahren in die Universität von São Paulo (Universidade de São Paulo, USP) integriert.
2. Dies war der tödlichste Krieg in Lateinamerika. Paraguay kämpfte gegen Argentinien, Brasilien und Uruguay um die territoriale Kontrolle.
3. Die Sklaverei wurde 1888 abgeschafft, ein Jahr vor der Ausrufung der Republik.
4. Das Massaker von Canudos war der letzte Akt eines Konflikts zwischen Siedlern und dem brasilianischen Staat im Jahr 1897 (weitere Einzelheiten siehe unten).
5. Diese Künstler und Intellektuellen waren es auch, die 1922 die „Semana de Arte Moderna", die Woche der Modernen Kunst, förderten (weitere Einzelheiten siehe unten).
6. *Ensaios de Filosofia do Direito* (1895), Aufsätze zur Rechtsphilosophie, und *Introdução à História da Literatura Brasileira* (1881), Einführung in die brasilianische Literatur.
7. Pierre-Guillaume-Frédéric Le Play (1806–1882) war ein französischer Wirtschaftswissenschaftler, der die Familie als Eckpfeiler jeder sozialen Struktur anerkannte, da sie das Individuum unterstützt und das Sozialisationsumfeld der Kinder bildet. Das Familienbudget sollte die Quelle primärer empirischer Daten für die Untersuchung von Phänomenen wie der Einbindung der Familie in die Sozialstruktur sein.
8. Zum Beispiel *Os Africanos no Brasil* (1890–1905), Die Afrikaner in Brasilien, und *As raças humanas e a responsabilidade penal no Brasil* (1894), Die menschlichen Rassen und die strafrechtliche Verantwortung in Brasilien.
9. Paulo Egídio wurde als Schützling von Gabriel Tarde als Mitglied des Internationalen Instituts für Soziologie in Paris aufgenommen.
10. Sein wichtigster Beitrag zu diesem Thema ist das Buch *Estudos de Sociologia Criminal* (1900), Studien zur Kriminalsoziologie.
11. *Questões vigentes de Filosofia e de Direito* (1888), Aktuelle Fragen der Philosophie und des Rechts.
12. Obwohl der Essayismus aufgrund seines intensiven fächerübergreifenden Austauschs oft als etwas von der Soziologie Verschiedenes aufgefasst wird, sollten wir darüber nachdenken, ob die Soziologie selbst nicht auch eine Mischform ist. Das interessante Buch *Between Literature and Science: The Rise of Sociology* (1994), im Deutschen erschienen unter dem Titel *Die drei Kulturen: Soziologie zwischen Literatur und Wissenschaft*, von Wolf Lepenies zeigt, wie die Wege und Werke von Comte, Durkheim und Weber entscheidende Verbindungen zwischen der Soziologie und anderen kulturellen Bereichen wie Psychologie, Religion und Literatur aufweisen.

Literatur

Celarent, B. (2017). In A. Abbott (Hrsg.), *Varieties of social imagination*. Chicago University Press.

Chacon, V. (1977). *A história das ideias sociológicas no Brasil*. EDUSP.

Skidmore, T. (1974). *Black into white: Race and nationality in Brazilian thought*. Oxford University Press.

KAPITEL 3

1930er- bis 1940er-Jahre – Institutionalisierung der Soziologie: Etablierung eines akademischen und wissenschaftlichen Umfelds

Zusammenfassung Nach der Niederschlagung des Paulistenkriegs machten sich die bürgerlichen Eliten des Bundesstaats São Paulo daran, geeignete institutionalisierte Rahmenbedingungen für die Ausbildung künftiger Führungskräfte und Verwaltungsbeamte zu schaffen. Die Sozialwissenschaften waren das Mittel der Wahl. Zu diesem Zweck wurden renommierte ausländische Professoren aus den Vereinigten Staaten und Europa angeworben. Sie brachten unterschiedliche soziologische Traditionen mit, die die neuen Institute, an denen sie lehrten und forschten, prägten. Als Anhänger der Chicagoer Schule ließen sich die nordamerikanischen Soziologen an der Freien Schule für Soziologie und Politikwissenschaften (Escola de Sociologia e Política) von São Paulo nieder, während französische Sozialwissenschaftler mit ihrer Tradition des Strukturfunktionalismus an die Universität von São Paulo kamen. Dieser Zeitraum markiert den offiziellen Beginn der Geschichte der Soziologie in Brasilien.

Ausbildung, Forschung und Wissenserwerb in den Sozialwissenschaften erreichten in Brasilien im Zuge ihrer Institutionalisierung durch die Einrichtung von Studiengängen an den Universitäten in den frühen 1930er-Jahren eine wissenschaftliche Ausrichtung. Diese Zeit war gekennzeichnet durch das Experimentieren mit neuen Forschungsmethoden und -techniken; es war eine Phase der Begeisterung und des Schaffens. Darüber hinaus eröffnete das Zusammenwachsen von Anthropologie und Soziologie zu einem gemeinsamen Fachgebiet neue Forschungsperspektiven. Anfänglich in Studiengänge anderer Fachdisziplinen integriert, erhielten die Sozialwissenschaften einen eigenen akademischen Bereich, in dem sie rechtmäßig erforscht und gelehrt werden konnten. In diese Zeit fallen die Gründung von Bibliotheken und Universitäten, die Anerkennung des Soziologen als Berufsbezeichnung, die Konzentration auf eine spezifische und spezialisierte Ausbildung in den Sozialwissenschaften und der Übergang von einer breiten historisch-soziologischen zu einer empirischen und systematischen Forschung.

Die sozialen, politischen und kulturellen Ereignisse in Brasilien und insbesondere im Bundesstaat São Paulo erforderten dringend der empirischen soziologischen Forschung. Um die sozialen und politischen Veränderungen zu verstehen, machten es sich die herrschenden Eliten in São Paulo zur Aufgabe, den Mangel an sozialer Fantasie zu überwinden. Sie bemühten sich um die Entwicklung von Individuen und Gruppen, die in der Lage waren, (a) die tiefgreifenden historischen Probleme des Landes zu analysieren und zu verstehen, (b) sozialwissenschaftliche Instrumente in der Verwaltungsarbeit anzuwenden, um den nationalen Fortschritt zu unterstützen (d. h., einen Kader gut ausgebildeter Funktionäre aufzubauen), und (c) aus wissenschaftlichen Studien Prinzipien für eine landesweite Integration und das Erreichen nationaler Ziele abzuleiten. In einem institutionalisierten Bereich sollten die Sozialwissenschaften Akademiker und Verwaltungsbeamte hervorbringen, die dazu in der Lage waren, das Entwicklungsprojekt des Staats São Paulo voranzutreiben. Drei Institutionen wurden gegründet, um diese Ziele zu erreichen: die Freie Schule für Soziologie und Politikwissenschaften (Escola de Sociologia e Política, ESP), die Universität von São Paulo (Universidade de São Paulo, USP) und das Brasilianische Institut für Geografie und Statistik (Instituto Brasileiro de Geografia e Estatística, IBGE).[1] Die beiden erstgenannten sollten hohe akademische Standards für Ausbildung und Forschung in den Sozialwissenschaften entwickeln, während das IBGE als staatliche Einrichtung die Aufgabe hatte, Daten zur brasilianischen Gesellschaft zu erheben.

1933 wurde die ESP gegründet, 1934 die Fakultät für Philosophie, Wissenschaften und Sprachen der Universität von São Paulo (Faculdade de Filosofia, Ciências e Letras da Universidade de São Paulo, FFCL-USP). Beide Einrichtungen befanden sich in der Stadt São Paulo und waren viele Jahre lang wichtige Pfeiler der Soziologie. Die Bemühungen der Eliten

São Paulos trugen Früchte und hinterließen ein einzigartiges institutionelles Erbe für die Entwicklung der Sozial- und Geisteswissenschaften in Brasilien. Eine ähnliche Bewegung fand auch anderswo statt. Die Universität des Bundesdistrikts (Universidade do Distrito Federal, UDF) wurde ebenfalls zu Beginn der 1930er-Jahre gegründet und war Wirkungsstätte bedeutender Wissenschaftler wie Gilberto Freyre. Leider wurde sie einige Jahre später wieder geschlossen.

Sowohl die USP als auch die ESP zeichneten sich durch eine gründliche und wissenschaftliche Herangehensweise an die Sozialwissenschaften aus, die bis dahin aus einem Sammelsurium intellektuell fragwürdiger Interpretationen bestanden. Maßgeblich daran beteiligt waren an beide Institutionen ausländische Professoren wie Horace Davies, Samuel Lowrie, Claude Lévi-Strauss, Paul Arbousse-Bastide, Emílio Willems, Herbert Baldus, Jacques Lambert, Roger Bastide und Donald Pierson. Durch die „formalisierte akademische Kultur", die diese ausländischen Professoren mitbrachten, verringerte sich schnell die Kluft zwischen der brasilianischen Hochschulbildung und der in Europa und Nordamerika.

Ungeachtet der Ähnlichkeiten ihrer Ziele und Grundlagen unterschieden sich die ESP und die USP in Bezug auf viele Aspekte; insbesondere unterschieden sie sich in ihrer Auffassung von der allgemeinen Richtung, die die Soziologie einschlagen sollte – wie sie konzipiert und praktiziert werden sollte. Die ESP war eine wissenschaftsbasierte unternehmerische Initiative. Die meisten ihrer Studenten stammten aus einer nichtakademischen Elite und strebten eine technische und soziologische Ausbildung an, die sie für den Eintritt in staatliche Institutionen qualifizierte, die sich mit Wirtschaftsplanung und sozialer Entwicklung befassten. Obwohl die Gründer der ESP in erster Linie beabsichtigten, Fachleute mit soziologischen Kenntnissen für die Bildung von Regierungskadern auszubilden, brachte sie hochqualifizierte Forscher hervor, die ihre Graduiertenausbildung an der USP fortsetzten. Auch wenn die ESP grundlegend andere Bildungsziele verfolgte, war sie in vielerlei Hinsicht eine Parallele und eine Ergänzung zur FFCL, die sich auf die rein akademische Entwicklung ihrer Studenten konzentrierte.

Im selben Jahrzehnt entstanden in ganz Brasilien weitere Universitäten mit sozialwissenschaftlichen Studiengängen. Die meisten von ihnen waren Bundesuniversitäten wie die Bundesuniversität von Minas Gerais (Universidade Federal de Minas Gerais, UFMG) und die Bundesuniversität von Bahia (Universidade Federal da Bahia, UFBA) sowie private Universitäten wie die Katholische Universität von Rio de Janeiro (Pontifícia Universidade Católica do Rio de Janeiro, PUC-Rio).

Freie Schule für Soziologie und Politikwissenschaften in São Paulo (ESP)

Die ESP war eines der positiven Resultate der ereignisreichen Zeit in den frühen 1930er-Jahren in São Paulo. Zu dieser Zeit befand sich der Bundesstaat São Paulo in einem tiefgreifenden politischen Konflikt. Seit Langem bestand ein Bündnis zwischen dem reichsten Bundesstaat, São Paulo, der von kaffeeproduzierenden Oligarchen regiert wurde, und dem damals wichtigsten Wahlstaat, Minas Gerais. Das Bündnis dominierte die erste Periode der republikanischen Ära Brasiliens, die als Alte Republik oder Erste Brasilianische Republik (1888–1930) bekannt ist. Diese begann mit dem Absetzen des Kaisers Dom Pedro II. durch Marschall Deodoro da Fonseca, dem das Ende der Monarchie und die Einführung einer Republik auf Basis der konstitutionellen Demokratie folgten. Sie endete mit dem 1930 von Getúlio Vargas (1982–1954) angeführten Staatsstreich, nach dem Vargas bis 1945 an der Macht blieb.

Die Allianz zwischen São Paulo und Minas Gerais zielte darauf ab, ihre Oligarchen an der Macht zu halten, indem sie einen turnusmäßigen Wechsels etablierten, bei dem ein Präsidentschaftskandidat von einem der Staaten nominiert und von beiden unterstützt wurde. Diese Strategie war so lange erfolgreich, bis São Paulo 1929 diese Vereinbarung mit der Nominierung eines Kandidaten aus São Paulo, Júlio Prestes (1882–1946), brach. Der Nachfolgestreit löste eine Verschwörung Oppositioneller aus, die zu einem politischen Putsch führte, in dessen Folge Getúlio Vargas die Präsidentschaft mit dem Versprechen übernahm, eine provisorische Regierung zur Stabilisierung und zur Entwicklung des Landes zu bilden. Als die Verfassung zwei Jahre später immer noch außer Kraft gesetzt war, brach die Revolution des Staats São Paulo aus, und obwohl die Streitkräfte des Bundesstaats die aus São Paulo besiegten, erreichte die Revolution ihr Ziel: Im Jahr 1934 nahm Brasilien eine neue Verfassung an, und sogar Frauen durften wählen.

In diesem politischen Klima gründete eine Gruppe namhafter Männer aus São Paulo – Intellektuelle, Geschäftsleute, Ärzte, Anwälte und andere[2] – die ESP, deren Gründungsmanifest stark von den Lehren aus der politischen und der militärischen Niederlage des Bundesstaats gegen die Republik beeinflusst war. In dem Dokument wurde argumentiert, dass das Scheitern des Staats São Paulo auf das Fehlen einer organisierten, in wissenschaftlichen Methoden geschulten und mit ausländischen Institutionen in Kontakt stehenden Elite zurückzuführen wäre, die ihr hätte helfen können, die Situation zu verstehen und bessere Entscheidungen zu treffen. Dem Manifest zufolge waren die Eliten São Paulos nicht dazu in der Lage, Interesse, Respekt und Autorität zu wecken; und diese Lücke sollte mithilfe einer neuen Institution geschlossen werden. Die ESP wurde geschaffen, um nachzuvollziehen und zu erklären, wie der mächtigste Staat Brasiliens die Revolution verlieren konnte. Die meisten der Unterzeichner des Manifests bildeten den ersten Kurs an der Schule. Die Rockefeller-Stiftung spendete der ESP die ersten Bücher, wodurch die Bibliothek der ESP eine Zeit lang zur umfassendsten sozialwissenschaftlichen Bibliothek des Landes wurde (Ferrari, 1958). Der sozialwissenschaftliche Studiengang der ESP wurde erst 1946 staatlich und rechtlich anerkannt, aber mit diese Anerkennung wurde er schnell zum Maßstab für alle anderen sozialwissenschaftlichen Abteilungen im Land.

Der angelsächsischen Tradition folgend kamen in den ersten Jahren bedeutende Wissenschaftler an die ESP, beispielsweise Radcliffe-Brown von der Oxford University, Willard van Orman Quine von der Harvard University, Lynn Smith von der Louisiana State University, Kalervo Oberg von der Smithsonian Institution sowie Donald Pierson und Robert Park von der University of Chicago. In einer ersten Phase, zwischen 1933 und 1939, sollten Studenten an der ESP vor allem dafür ausgebildet werden, Stellen in neuen öffentlichen Einrichtungen für die Planung und die sozioökonomische Entwicklung zu besetzen. Es wurden zahlreiche Forschungsarbeiten zu verwandten Themen durchgeführt. Die Angelsachsen Horace Davies und Samuel Lowrie untersuchten zweimal, 1933 und 1938, den Lebensstandard und die Konsummenge von Teilen der städtischen Arbeiterklasse in São Paulo; Lowrie schrieb außerdem 1936 über Pauperismus und Sozialhilfe sowie 1938 über Ethnizität und soziale Schichtbildung. Brasilianische Forscher folgten bald dem Vorbild der Ausländer, indem sie ebenfalls Arbeiten zu diesen Themen erstellten. So findet man zwischen 1935 und 1938 die Arbeiten von Gustavo de Godoy Filho, der sich mit der sozialen Mobilität während des Wirtschaftswachstums befasste; von Paula Souza und Ulhoa Cintra, die Untersuchungen zur Ernährung durchführten; sowie von Sérgio Milliet, der die wirtschaftliche Mobilität untersuchte.

Auch wenn die Gründung der ESP bereits ein bemerkenswertes Ereignis war, änderte sich mit der Ankunft von Donald Pierson im Jahr 1939 vieles zum Besseren. Pierson hatte bereits enge Verbindungen zu Brasilien, da er 1935 von der University of Chicago in den Bundesstaat Bahia geschickt worden war, um zwei Jahre lang empirisches Material für seine

Studie über Schwarze in Brasilien zu sammeln. Sein preisgekröntes Buch *Negroes in Brazil: A Study of Race Contact in Bahia* (veröffentlicht 1942) begründete seinen internationalen Ruf. Neben dem durch seine Arbeit über Bahia erlangten Ansehen wurde er außerdem von seinem Doktorvater, Robert Park, begleitet, der viele Präsidenten der American Sociological Association betreut hatte, beispielsweise Everett Hughes, Herbert Blumer, Stuart Queen, Leonard Cottrell, Edward Reuter, Robert Faris, Louis Wirth und Franklin Frazier (Coser, 1972). Er unterstützte die ESP auch bei der Beschaffung finanzieller Mittel, vor allem bei der Förderung durch die Smithsonian Foundation.

Pierson bemühte sich an der ESP um eine professionellere Herangehensweise an die Sozialwissenschaften. Da die meisten Studenten wissenschaftliche Laien waren, bemühte sich Pierson darum, die erste Gruppe brasilianischer Forscher zusammenzustellen, die die Soziologie als ihre wichtigste Einkommensquelle betrachteten. Er richtete auch das pädagogische Programm der Schule neu aus: Es wurde ein Pionierprogramm für die Graduiertenausbildung in den Sozialwissenschaften (Master und Ph. D.) eröffnet und ein Schwerpunkt auf „Gemeinschaftsforschung" gelegt.

Während seines 13-jährigen Aufenthalts widmete sich Pierson der Erforschung der traditionellen brasilianischen Gesellschaft und ihres Modernisierungsprozesses durch das Studium kleiner Gemeinschaften (Simões, 2001). Er führte eine sehr intensive wissenschaftliche Tätigkeit in Brasilien durch und schuf ein Netzwerk von Forschern, die seinem Ansatz folgten. Aus dieser Arbeit gingen zwei wichtige Bücher hervor: *Negroes in Brazil* (1942) und *Cruz das Almas, a Brazilian Village* (1973). Beide befassen sich mit empirischen Fragen unter Anwendung des theoretischen Ansatzes der Chicagoer Schule. Im ersten Buch vergleicht er die Beziehungen zwischen Rasse und Kultur in Brasilien und den Vereinigten Staaten und zeigt, dass Vorurteile in Brasilien viel stärker mit der sozialen Klasse als mit der Rasse zusammenhängen. Das zweite Werk befasst sich in einer sehr detaillierten Ethnografie mit der Arbeitsorganisation, dem Glauben, der materiellen Kultur und der sozialen Organisation einer brasilianischen Mischlingsgemeinschaft aus Weißen und Einheimischen, den „Caboclo". Dies war eine beispiellose Arbeit, in der er die Beschreibung bis aufs Äußerste verdichtete.

Nach seinen 13 Jahren in Brasilien kehrte Pierson aufgrund schwerer krankheitsbedingter Komplikationen in die Vereinigten Staaten zurück.

Von diesem Zeitpunkt an gingen die US-Finanzierungen zurück, nicht nur wegen des Weggangs von Pierson, sondern auch wegen des McCarthyismus. Im Zuge der Modernisierung der Sozialwissenschaften in den folgenden Jahrzehnten wandelte sich Bedeutung der ESP von einer führenden zu einer marginale Position. Obwohl die ESP bis heute existiert und Kurse für Studierende und Graduierte anbietet, hat sie nur mit Mühe überlebt; in den 1980er- und 1990er-Jahren wurden sogar einige Jahre lang keine Kurse für Graduierte angeboten. Auch wenn klar ist, dass die ESP in den ersten Jahrzehnten eine deutlich größere Bedeutung hatte, als es heute der Fall ist, brachte sie viele wichtige Forschungsarbeiten hervor. Noch wichtiger war allerdings, dass viele Soziologen hier ausgebildet wurden, die in den folgenden Jahrzehnten die Soziologie an der USP konsolidierten. Dies trifft beispielsweise auf Florestan Fernandes zu, einer für die brasilianische Soziologie sehr bedeutenden Persönlichkeit.

Fakultät für Philosophie, Wissenschaften und Sprachen der Universität von São Paulo

Die Universität von São Paulo (USP) entstand durch den Zusammenschluss mehrerer bereits bestehender Hochschuleinrichtungen in São Paulo: der Polytechnischen Schule – Escola Politécnica da Universidade de São Paulo, POLI (1893), der Hochschule für Landwirtschaft Luiz de Queiroz – Escola Superior de Agricultura Luiz de Queiroz, ESALQ (1901), der Freien Hochschule für Pharmazie von São Paulo (1901), der Juristischen Hochschule von São Paulo (1827), der Medizinischen Hochschule von São Paulo (1912) und der neuen Fakultät für Philosophie, Wissenschaften und Sprachen – Faculdade de Filosofia, Ciências e Letras, FFCL (1934). Nach anfänglicher Rivalität mit der Polytechnischen Schule für Ingenieurwesen hatte die FFCL die Aufgabe, den Zusammenhalt der neuen Universität zu gewährleisten.

Die USP wies (wie andere öffentliche Universitäten) in den ersten Jahrzehnten ihres Bestehens eine besondere Struktur auf: das Kathedra- oder Lehrstuhlsystem. In diesem System ist derjenige Professor, der den Lehrstuhl in einem Fachbereich innehat, für das Fachgebiet und die Forschungsausrichtung verantwortlich. Er oder sie legt alle Leitlinien eines bestimmten Fachbereichs fest und wählt die Lehrassistenten aus, die mit ihm/ihr zusammenarbeiten. Das Vorankommen einer Person und ihre

Karriere hingen also vom Willen des Lehrstuhlinhabers ab. In der FFCL gab es zwei soziologische Lehrstühle, Soziologie I und II, die sich in ihren Lehr- und Forschungsansätzen unterschieden. Die Entwicklung der Soziologie an der USP war stark von der Spaltung des Fachs und den Auseinandersetzungen zwischen den Inhabern der beiden Lehrstühle sowie von den von ihnen priorisierten Projekten geprägt. Die Anwesenheit ausländischer Professoren führte dabei nie zu einer Abschwächung der Konzentration auf typisch brasilianische Themen. Im Gegenteil, sie förderten die Forschung zu vielen Themen, die mit der brasilianischen Gesellschaft zusammenhingen.

Die ersten Professoren, die die Lehrstühle innehatten, waren Paul Arbousse-Bastide für die Soziologie I und Claude Lévi-Strauss für die Soziologie II. Der Konflikt zwischen ihnen über die Ausrichtung des Fachs wurde erst mit dem Weggang von Lévi-Strauss Ende 1937 beigelegt. Während seines Aufenthalts in Brasilien hielt Claude Lévi-Strauss seine Eindrücke von der brasilianischen Urbevölkerung in seinem berühmten Buch *Tristes Tropiques* (Lévi-Strauss, 1955) fest, in dem er seine These einer homologen Struktur des „wilden Geistes" und des „zivilisierten Geistes" vertrat. Seine Ehefrau Dina Lévi-Strauss (1911–1999) leistete ebenfalls einen entscheidenden Beitrag zur brasilianischen Sozialwissenschaft, indem sie zusammen mit Mario de Andrade (1893–1945), der bedeutendsten Persönlichkeit des brasilianischen Modernismus, und Roger Bastide (1898–1974), dem angesehenen Professor der ersten Generation von Soziologen in Brasilien, die erste ethnologische Gesellschaft in Brasilien gründete.

Roger Bastide trat an die Stelle von Lévi-Strauss und behielt diese Position von 1938 bis 1954. Sein Hauptinteresse galt afrobrasilianischen Studien, insbesondere über Religion und Magie. Die Forschungen in diesem Bereich führten zu Büchern wie *A Poesia Afro Brasileira* (1943), Afrobrasilianische Poesie, *Imagens do nordeste místico em preto e branco* (1945), Mystische Bilder des Nordostens in Schwarz und Weiß, und *Negros e brancos em São Paulo* (1955), Schwarze und Weiße in São Paulo. Er schrieb auch über Kunst, Träume, Erinnerung und Fantasie und wandte dabei verschiedene Ansätze an, die sich aus seinem Wissen über Anthropologie, Philosophie und Psychologie speisten. Roger Bastide war definitiv ein Beispiel für einen Professor, der aufgrund seiner Toleranz in Bezug auf verschiedene Theorien und seiner vielfältigen Interessen die intellektuelle Freiheit förderte.

Zur gleichen Zeit, als Roger Bastide den Lehrstuhl für Soziologie I übernahm, wurde Fernando de Azevedo (1894–1974) leitender Professor der Soziologie II, nachdem Arbousse-Bastide zum Lehrstuhl für Politikwissenschaften gewechselt war. Während Fernando de Azevedo der führende Wissenschaftler in politischen und bürokratischen Fragen war, galt Bastide als der führende Kopf bei der Erstellung von Leitlinien für die Forschung und das soziologische Denken.

Der Studiengang Sozialwissenschaften an der FFCL entsprach der Verwirklichung eines alten Plans von Fernando de Azevedo. Seit den 1920er-Jahren hatte er eine entscheidende Rolle bei der Institutionalisierung des Fachs gespielt, indem er Handbücher zur Soziologie verfasste und die Studiengänge des Fachbereichs durch gesetzliche Änderungen formalisierte. Er war eines der Gründungsmitglieder und Präsident der Soziologischen Gesellschaft von São Paulo, aus der 1954 die Brasilianische Soziologische Gesellschaft (Sociedade Brasileira de Sociologia, SBS) hervorging.

Der Lehrstuhl für Anthropologie wurde 1941 geschaffen und von Emílio Willems übernommen, der ihn bis 1949 innehatte. Willems war zuvor Professor an der ESP. In den folgenden Jahren übernahmen Egon Schaden und João Baptista Borges Pereira diese Position. Obwohl Willems der Anthropologie zugeneigt war, pflegte er im folgenden Jahrzehnt enge Beziehungen zu der aufstrebenden Generation der Soziologen, einer Gruppe, die später als Soziologische Schule von São Paulo bezeichnet wurde. In den 1940er-Jahren beschäftigte er sich mit Themen wie Assimilation und Marginalisierung in Brasilien und veröffentlichte eine soziologische Studie über die deutschen Einwanderer und deren Nachkommen und ihren Einfluss auf die brasilianische Geschichte.

Nach dem Rücktritt von Roger Bastide ging der Lehrstuhl für Soziologie I an Florestan Fernandes über, der sein ehemaliger Schüler war. Dieser versammelte eine bedeutende Gruppe von Forschenden um sich, darunter Fernando Henrique Cardoso, Octavio Ianni, Maria Sylvia de Carvalho Franco und Marialice Forachi.

Ab den 1950er-Jahren kam es an der USP zu einer Verschiebung der Forschungsorientierung. Der Schwerpunkt lag auf dem Studium subalterner und nicht mehr auf dem Studium privilegierter Klassen. Sie begannen, Schwarze, städtische Arbeiter, arme Bauern usw. zu untersuchen. Dies stand in deutlichem Gegensatz zu Oliveira Viana und Gilberto Freyre (Candido, 2001).

ANDERE SOZIALWISSENSCHAFTLICHE GRUND- UND
AUFBAUSTUDIENGÄNGE IN BRASILIEN

Vor den 1930er-Jahren und der damit einhergehenden Etablierung neuer Universitäten gab es in Brasilien nur eine Einrichtung, die mit dem „Universitätsmodell" experimentierte – die Universität des Bundesstaats Paraná. Bei ihrer Gründung im Jahr 1912 richtete sie einen Studiengang für Sozial- und Rechtswissenschaften ein. In den 1930er- und 1940er-Jahren folgte landesweit die Einrichtung weiterer sozialwissenschaftlicher Studiengänge. 1931 erließ die Bundesregierung ein Hochschulgesetz für die brasilianischen Universitäten und richtete den Nationalen Rat für Bildung ein. Beide bildeten die Säulen des öffentlichen und gebührenfreien Universitätssystems, das auch heute noch existiert. Sie organisierten die Fakultäten und Studiengänge auf hohem Niveau in einem Universitätssystem, in dem jede Einrichtung ein Organ der öffentlichen Verwaltung war. Auf diese Weise sind die Universitäten nach wie vor entweder mit föderalen oder der bundesstaatlichen Ebene verbunden.[3]

Auch in Rio de Janeiro, dem damaligen Bundesdistrikt, gab es eine ähnliche Universitätsbewegung wie bei der Gründung der Universität von São Paulo. Im Jahr 1935 wurde die Nationale Fakultät für Philosophie, Wissenschaften und Sprachen gegründet. Viele Soziologen trugen zum Aufbau der Einrichtung und insbesondere des sozialwissenschaftlichen Grundstudiums bei. Die renommierten Soziologen Gilberto Freyre und Sérgio Buarque de Holanda leiteten die Ausarbeitung des Lehrplans und lehrten dort einige Jahre lang. Auch Donald Pierson war in der Einrichtung tätig und spielte in dieser Gründungsphase eine Rolle.[4] Piersons kurzer Aufenthalt in Rio de Janeiro hatte Einfluss auf einige brasilianische Soziologen, insbesondere auf Guerreiro Ramos, der in den 1950er-Jahren eine wichtige Rolle in den brasilianischen Sozialwissenschaften spielen sollte.

1939 wurde an der Fakultät für Philosophie, Humanwissenschaften und Sprachen (Faculdade de Filosofia e Ciências Humanas, FAFICH), die 1948 in die Universität von Minas Gerais (Universidade Federal de Minas Gerais, UFMG) integriert wurde, ein Studiengang für Sozialwissenschaften eingerichtet. Ein weiterer wichtiger Pionierstudiengang im Bereich der Sozialwissenschaften war der an der Fakultät für Philosophie und Humanwissenschaften der Bundesuniversität von Bahia (Faculdade de Filosofia e Ciências Humanas/Universidade Federal da Bahia, FFCH/UFBA) angesiedelte Studiengang.

Notes

1. Das IBGE ist nach wie vor die wichtigste Institution für die Erstellung nationaler Statistiken in Brasilien.
2. Wichtige Persönlichkeiten dieser Gruppe waren Armando S. de Oliveira, der Gouverneur des Staats São Paulo; José A. Machado de Oliveira, Direktor der juristischen Fakultät von São Paulo; Cantídio de M. Campos, Direktor der medizinischen Fakultät von São Paulo; der Geschäftsmann Roberto Simonsen; Antonio Prado, Professor an der juristischen Fakultät von São Paulo; Abrahão Ribeiro, Industrieller und Geschäftsmann; Raul Briquet, Professor an der juristischen Fakultät von São Paulo; Tácito de Almeida, Intellektueller und Geschäftsmann, und Cyro Berlinck, Geschäftsmann und Intellektueller.
3. Die Universität von São Paulo wurde als staatliche Universität gegründet und hat diesen Status immer noch, während die ESP immer eine private Einrichtung war und erst Jahrzehnte später in eine Stiftung umgewandelt wurde.
4. Die Nationale Fakultät für Philosophie, Wissenschaften und Sprachen war nur zwischen 1935 und 1938 tätig; danach wurde sie in die Universität von Brasilien, die ebenfalls in Rio de Janeiro ansässig war, integriert. In den Jahren ihres Bestehens absolvierten dort 12 Sozialwissenschaftler ihr Studium.

Literatur

Candido, A. (2001). Florestan Fernandes por Antonio Candido. In M. T. Berlinck & M. C. R. Magalhães (Hrsg.), *A Escola Livre de Sociologia e Política: anos de formação (1933–1953)*. Fundação Escola de Sociologia e Política.
Coser, L. (1972). Robert Ezra Park. In H. B. Javannovich (Hrsg.), *Masters of sociological thought: Ideas in historical and social thought*. Waveland.
Ferrari, A. (1958). Pesquisas e publicações nas ciências sociais sob a influência da Escola de Sociologia e Política. *Sociologia*, XX(2), 143–146.
Lévi-Strauss, C. (1955). *Tristes tropiques*. Plon.
Pierson, D. (1942). *Negroes in Brazil: A study of race contact at Bahia*. Chicago University Press.
Pierson, D. (1973). *Cruz das almas: A Brazilian village*. Greenwood Press.
Simões, J. A. (2001). Um ponto de vista sobre a trajetória da escola de Sociologia e Política. In M. T. Berlinck & M. C. R. Magalhães (Hrsg.), *A Escola Livre de Sociologia e Política: anos de formação (1933–1953)*. Fundação Escola de Sociologia e Política.

KAPITEL 4

1950er- bis 1960er-Jahre: Goldene Ära der Konsolidierung der Soziologie

Zusammenfassung Die erste Generation von Soziologen, die brasilianische sozialwissenschaftliche Studiengänge absolviert hatte, nahm in den 1950er-Jahren akademische Positionen ein und startete eigene Forschungsprogramme. Im Mittelpunkt der wissenschaftlichen Agenda standen Themen wie nationale Identität, die Rassenfrage und die wirtschaftliche Entwicklung. Neben anderen Soziologen dieser Generation etablierte Florestan Fernandes die Soziologie als eigenständige wissenschaftliche Fachrichtung. Damit wandte er sich sowohl gegen die frühere Tradition des Essayismus als auch gegen die politische Ausrichtung der soziologischen Forschung, die vor allem von Guerreiro Ramos in Rio de Janeiro gefördert wurde. In dieser Zeit gründete Florestan die Schule für Soziologie in São Paulo, wie sie bis heute bekannt ist.

Die neue Verfassung von 1946 eröffnete Brasilien neue Wege, und in der Bevölkerung breitete sich ein optimistischer Zeitgeist aus. Sie brachte einige politische Fortschritte mit sich wie die allgemeine Einführung des Frauenwahlrechts (das bis dahin auf Frauen beschränkt war, die beim Staat angestellt waren) und eine Erhöhung der Anzahl der Kongressplätze für

© Der/die Autor(en), exklusiv lizenziert an Springer Nature
Switzerland AG 2023
V. Domingos Cordeiro, H. Neri, *Soziologie in Brasilien*,
https://doi.org/10.1007/978-3-031-17570-1_4

die kleineren und schwächeren Bundesstaaten. Aber nicht nur auf politischer, sondern auch auf kultureller Ebene gab es Fortschritte, allen voran die Stärkung und der Ausbau der Universitäten im gesamten Land. In der Verfassung von 1946 hieß es: „Nur eine öffentliche, völlig freie, eigenständige, demokratische und fachkundige Universität kann die hoheitliche Rolle als kultureller, wissenschaftlicher, künstlerischer und technologischer Impulsgeber des Landes spielen. Es ist notwendig, dass die pädagogische, wissenschaftliche und administrative Autonomie der Universität durch den Staat garantiert wird." Diese Prämissen beeinflussten die Entwicklung der Universitäten und ihren wissenschaftlichen Fortschritt. Wie im vorangegangenen Kapitel gezeigt, wurden zentrale Einrichtungen gegründet, um die Bildung und die wissenschaftliche Forschung im gesamten Land zu fördern.

Der Nationale Rat für wissenschaftliche und technologische Entwicklung (Conselho Nacional de Pesquisa, CNPq) wurde 1951 gegründet, zur gleichen Zeit wie andere entsprechende Organisationen, z. B. die National Science Foundation (NSF) in den Vereinigten Staaten und das Centre National de la Recherche Scientifique (CNRS) in Frankreich. Seitdem hat das CNPq Master- und Doktorarbeiten vieler Bereiche finanziert. Einige Monate später, ebenfalls 1951, gründete die Regierung die Koordinationsstelle für die Verbesserung des Hochschulpersonals (Coordenação de Aperfeiçoamento de Pessoal de Nível Superior, CAPES), die für die Unterstützung von Abteilungen mit Postgraduiertenkursen sowie für die Gewährung von Stipendien für Master- und Doktorgrade und die Forschung von Professoren zuständig ist.

Auch ausländische Stiftungen förderten zu Beginn der 1950er-Jahre den wissenschaftlichen Bereich. Unter ihnen spielte die Ford Foundation für den Prozess der Konsolidierung der Sozialwissenschaften und damit auch der Soziologie eine besondere Rolle. Die Ford Foundation ließ sich 1951 in Rio de Janeiro nieder, und die meisten ihrer Aktivitäten in Brasilien konzentrierten sich auf den Aufbau einer aktiven Gemeinschaft brasilianischer Sozialwissenschaftler – insbesondere solcher, die ihren Abschluss in den Vereinigten Staaten gemacht hatten. Während ihrer 40-jährigen Tätigkeit in Brasilien gab die Ford Foundation rund 35 Millionen US-Dollar für Projekte in den Bereichen Soziales, Gesundheit und Umwelt aus. Mehr als 50 % der Spenden flossen in die akademische Forschung, die an privaten und an öffentlichen Universitäten und später an unabhängigen Forschungsinstituten durchgeführt wurde.

4 1950ER- BIS 1960ER-JAHRE: GOLDENE ÄRA DER KONSOLIDIERUNG DER ... 37

Im Jahr 1952 gelang es dem ehemaligen Präsidenten Getúlio Vargas, bei der Präsidentenwahl wieder an die Macht zu kommen. Er blieb bis zu seinem Tod durch Selbstmord im Jahr 1954 an der Macht. In dieser Zeit wurden große staatliche Unternehmen gegründet, um langfristige Finanzierungen für wirtschaftliche Vorhaben bereitzustellen, die zur Entwicklung des Landes beitragen sollten. Dies war der Fall bei der Brasilianischen Entwicklungsbank (Banque Nationale pour le Développement Economique, BNDE), einer der wichtigsten Entwicklungsbanken der Welt, und bei PETROBRAS, der brasilianischen Erdölgesellschaft. Obwohl es dem Präsidenten gelang, diese Institutionen zu schaffen, war seine Regierung in Korruptionen verstrickt. Er geriet unter starken Druck seitens der Medien und des Militärs und erschoss sich als letzte Amtshandlung, wobei er einen märtyrerhaften Abschiedsbrief hinterließ, in dem er den Grund für seinen Selbstmord darlegte. Aufgrund des Selbstmords und der Erklärung wurde er vom Volk als Nationalheld gefeiert. Seine politischen Nachfolger, Juscelino Kubitschek und João Goulart, profitierten von dem heroischen Ansehen, das Getúlio Vargas durch seinen Tod erlangt hatte.

Mit der erneuten Wahl von Präsident Juscelino Kubitschek im Jahr 1956 wurde das Land von einer progressiven Welle erfasst. Kubitschek legte den Entwicklungsplan mit der Bezeichnung „50 Jahre in 5 Jahren" vor, in dem sogar der Bau einer völlig neuen Stadt für den Bundesdistrikt vorgesehen war. Die Verlegung der Hauptstadt von Rio de Janeiro nach Brasília sollte dazu beitragen, eine unwirtliche Region des Landes, den trockenen Mittelwesten, zu entwickeln. Brasília wurde ausschließlich zur Erfüllung aller administrativen und bürokratischen Aufgaben geplant. Auch die Gründung der Universität von Brasília gab den brasilianischen Sozialwissenschaften Auftrieb.

In den 1950er- und 1960er-Jahren teilten liberale und linke Gruppen in Lateinamerika die Idee, dass ihre Gesellschaften auf eine eigenständige sozioökonomische Entwicklung zusteuerten, die durch eine beschleunigte Industrialisierung und Urbanisierung sowie eine gesellschaftspolitische Demokratisierung gekennzeichnet war. Die Modernisierung und die Demokratisierung der Bildungschancen in Verbindung mit der wissenschaftlich-technischen Entwicklung nahmen in diesem Konzept einen zentralen Platz ein.

Andere brasilianische Einrichtungen wurden zur Förderung von Wissenschaft und Bildung gegründet. Die Forschungsstiftung von São Paulo (Fundação de Amparo à Pesquisa do Estado de São Paulo, FA-

PESP) wurde 1962 mit einem Etat von 2,7 Millionen US-Dollar[1] von der Landesregierung gegründet. Die Stiftung wird mit einem festen Prozentsatz der Steuereinnahmen des Staats unterhalten,[2] der gesetzlich garantiert ist.[3] Im Laufe der Jahre hat die FAPESP 534 Millionen KKP-Dollar[4] an Stipendien und Zuschüssen vergeben.

Auch im Bereich der Sozialwissenschaften war der Boden fruchtbar. Im Jahr 1954 fand in São Paulo der erste Kongress der Brasilianischen Soziologischen Gesellschaft (Sociedade Brasileira de Sociologia, SBS) statt. Er hatte das Thema „Soziologie lehren und erforschen: soziale Organisation und sozialer Wandel".

Aufgrund der Konsolidierung, des Aufbaus und der bedeutenden Veränderungen im Bereich der Soziologie, die in dieser Periode stattfanden, kann man sie als die „goldene Ära der brasilianischen Sozialwissenschaften" bezeichnen. Es war eine Zeit, in der Soziologen neue Interpretationen zu Brasilien entwickelten und mit den älteren brachen. Laut Liedke Filho (2005) wurden in dieser Zeit 11 Studiengänge in den Sozialwissenschaften eingerichtet. Soziologen widmeten ihre Forschung auch Überlegungen zum Fach selbst, zu soziologischen Theorien und Methoden sowie zur institutionellen Struktur und Lehre. Es entstand sogar eine „Denkschule": die Schule der Soziologie von São Paulo. Es war eine Epoche der Hoffnung nach der Diktatur, in der unter den brasilianischen Intellektuellen und Politikern eine Reihe von Ideen über Säkularisierung, Demokratie und eine gesetzliche und sachbezogene bürokratische Ordnung vorherrschten. Insbesondere standen Entwicklungsfragen im Fokus, da sich das Land in einem Modernisierungsprozess befand, dessen Ziel es war, die Entwicklungsrückstände zu überwinden.

Trotz der engen Verbindung von Zielen, Ansätzen und Themen in dem Fachbereich ist es schwierig, eine theoretische und konzeptionelle Übereinstimmung zu identifizieren. Während die einen Verfechter des wissenschaftlichen Fortschritts und der allgemeinen Organisation von Theorien und Methoden waren, setzten sich andere vor allem für die politische Rolle der Soziologie ein.

Die Schule von São Paulo und die Studien von Florestan Fernandes über die ethnischen Beziehungen

Es besteht weitgehend Einigkeit darüber, dass Florestan Fernandes einer der wichtigsten Wegbereiter der Konsolidierung und der Institutionalisierung der Soziologie in den 1950er- und 1960er-Jahren war.[5] Aufgrund seiner führenden Rolle innerhalb der brasilianischen Soziologie hatte er großen Einfluss. Er stellte ein herausragendes Team aus Wissenschaftlern zusammen, das nicht nur die brasilianische Soziologie, sondern auch die brasilianische Politik beeinflussen sollte; außerdem etablierte er eine eigene Forschungsagenda auf Basis einer historisch-strukturellen Methode, die es ihm und seinen Studenten ermöglichte, Fragen zu verfolgen wie „Warum haben wir eine eingeschränkte Demokratie?" und „Warum führte die politische Unabhängigkeit nicht zu tatsächlicher Unabhängigkeit?". Laut seines ehemaligen Schülers, Octavio Ianni (1926–2004), der ein sehr bedeutender Soziologe in Brasilien wurde, leitete die Arbeit von Florestan Fernandes „eine neue Epoche in der Geschichte der brasilianischen Soziologie ein" (Ianni, 1996, S. 25). Wie hat er das geschafft? Und wie konnte er dies in den 1950er- und 1960er-Jahren erreichen?

Wie wir gesehen haben, war er weder der erste bedeutende Soziologe des Landes noch der erste, der „wissenschaftliche" soziologische Arbeiten über Brasilien verfasste. Bastide, Pierson, Baldus und Willems hatten bereits eine Vielzahl wissenschaftlicher Studien über das Land veröffentlicht. Florestan war auch nicht der Hauptakteur bei der Institutionalisierung der Disziplin. Florestan war ein Sonderfall. Im Gegensatz zu vielen seiner Kommilitonen stammte er aus einfachen Verhältnissen. Er war der einzige Sohn einer alleinerziehenden Mutter, die als Wäscherin arbeitete. Infolgedessen musste er schon sehr früh in seinem Leben arbeiten. Er stellt dies wie folgt dar: „Ich begann mein soziologisches Lernen im Alter von sechs Jahren, als ich wie ein Erwachsener meinen Lebensunterhalt verdienen musste, und beschritt damit den Weg der konkreten Erfahrung beim Erwerb von Erkenntnissen über das menschliche Zusammenleben und die Gesellschaft" (Fernandes, 1977, S. 142). Zwischen Florestan und seinen Mitschülern klaffte eine große Lücke, was ihm von Anfang an bewusst war. Wie er gestand, fühlte er sich „als Außenseiter und in vielerlei Hinsicht als Eindringling" (Fernandes, 1977, S. 159). Seine Kommilitonen stammten nicht nur aus traditionellen Akademikerfamilien, sondern hatten auch alte Schulbekanntschaften. Er erinnert sich: „Ich gehörte nicht zu diesem Kreis und ich hielt es nicht für meine Aufgabe, die stillschweigenden Spielregeln zu ändern; das hätte meinen strengen Geruch als Abschaum unerträglich gemacht" (Fernandes, 1977, S. 159). Der soziale und erzieherische Hintergrund, der im Allgemeinen für den Eintritt in die Fakultät für Philosophie, Wissenschaften und Sprachen der Universität von São Paulo (Faculdade de Filosofia, Ciências e Letras da Universidade de São Paulo, FFCL-USP) erforderlich war, bestand darin, dass man von Kindesbeinen an mit der Hochkultur vertraut war. So wurden die meisten Vorlesungen zu dieser Zeit nicht auf Portugiesisch, sondern auf Französisch gehalten. Die Zahl der Studenten, die Sozialwissenschaften studierten, war klein; in den ersten beiden Jahrzehnten ihres Bestehens wurden etwa 10 Studenten pro Jahr an der FFCL-USP zugelassen.

Florestans wissenschaftliche Karriere war die eines Autodidakten, was bedeutete, dass er sich vieles von dem, was er vor und sogar während seines Studiums gelernt hatte, eigenständig angeeignet hatte. An der USP wurden seine Fähigkeiten sehr früh von Professoren wie Roger Bastide und Fernando de Azevedo gefördert, die seine prekäre wirtschaftliche Situation und seine Berufung zur Forschung erkannten. Zum Beispiel half Bastide Florestan während seiner Studienzeit in vielerlei Hinsicht. Da Florestan arbeiten musste, um seine Studiengebühren bezahlen zu können, verschaffte Bastide ihm einen besseren Job bei der damals meistgelesenen Zeitung São Paulos, *O Estado de São Paulo*, für die er Artikel schrieb, die große Popularität erlangten. Bastide zeigte Emílio Willems auch Florestans volkskundliche Studien, die in der Zeitschrift *Sociologia* veröffentlicht werden sollten. Fernando de Azevedo, der zu dieser Zeit den Lehrstuhl für Soziologie II an der USP innehatte, lud Florestan ein, gleich nach seinem Abschluss sein zweiter Assistent zu werden.

Florestan stand als Person in Einklang mit zwei grundlegenden Vorstellungen der FFCL und der Universität selbst: erstens mit der Entwicklung der Soziologie als ernsthafte, fundierte und professionelle Wissenschaft, die bereits die Professoren der europäischen Mission seit ihrer Ankunft etablieren wollten; zweitens mit der Idee des modernen liberalen Wissenschaftlers. Florestan entsprach beidem. Er war ein Beispiel für soziale Mobilität im modernen São Paulo. Keiner seiner Fachkollegen bemühte sich um die Schaffung wissenschaftlicher Grundlagen für die Soziologie in Brasilien, während Florestan in den 1940er- und 1950er-Jahren mehr als jeder andere die Auffassung von der Soziologie als empirischer Wissenschaft vertrat. Er schrieb dazu später: „Wir sollten nicht vergessen, dass wir uns in den 1940er- und 1950er-Jahren befanden und es damals darum ging, die Soziologie als empirische Wissenschaft aufzubauen" (Fernandes, 1977, S. 12). In gewisser Weise haben Florestan und sein Professor Roger Bastide das Durkheim'sche Anliegen der Abgrenzung des Fachbereichs gewürdigt.

Dieser Aufgabe widmete er sich von Beginn seines Studiums an, z. B. in Kontroversen mit Völkerkundlern, denen er einen zu kulturalistischen Ansatz vorwarf, durch den sie nicht in der Lage waren, soziale Strukturen darzustellen oder gar zu verstehen. Mit dieser Position folgt Florestan dem Beispiel seines ehemaligen Professors und späteren Kollegen Roger Bastide. Anstatt wie die Völkerkundler die Aspekte gemeinschaftlicher Zufriedenheit hervorzuheben, zeigte Bastide, dass in der Volkskunde der stark geschichteten brasilianischen Gesellschaft weder alle Ethnien noch alle Klassen berücksichtigt wurden. In der FFCL-USP, insbesondere am Lehrstuhl für Soziologie I, wurde die kollektive soziale Vorstellung von Brasilien als einem Land, in dem potenzielle Konflikte durch ein geselliges und glückliches (oder manchmal „süßes") Zusammenspiel aller Teile gelöst wurden, stark abgelehnt. Diese Meinung bildete einen starken Gegensatz zur puristischen und konservativen Sicht vieler Völkerkundler auf die brasilianische Gesellschaft. Gilberto Freyre stimmte der konservativen Position weitgehend zu und verteidigte den in dieser Zeit vorherrschenden Regionalismus.

Florestan war entschlossen, Soziologie zu einem Beispiel für gründliche Wissenschaft zu machen. In seinen frühen Arbeiten vertrat er die Ansicht, dass der Soziologe als Wissenschaftler versuchen müsse, eine kausale Erklärung für die Daten zu finden. Diese Position ist eng mit dem frühen Einfluss der funktionalistischen Methode verbunden. Karl Mannheim hatte ebenfalls einen großen Einfluss auf ihn, allerdings mehr aus erkenntnistheoretischer als aus methodologischer Sicht wie der Funktionalismus. Am Ende seiner Doktorarbeit mit dem Titel „A Função da Guerra na Sociedade Tupinambá" (Die Funktion des Kriegs in der Gesellschaft von Tupinambá) betonte er die Vorzüge der funktionalistischen Methode mit folgenden Worten: „Der Hauptvorteil dieser Methode besteht in den Möglichkeiten der deskriptiven und kausalen Erklärung des Phänomens und in den Perspektiven, die sie für den Einsatz vergleichender Methoden eröffnet" (Fernandes, 1952, S. 588). Der Durkheim'sche Sprachjargon ist in seiner Dissertation allgegenwärtig, z. B.: „Der Krieg ist ein menschliches Phänomen ..., [er] wird uns als soziale Tatsache präsentiert" (Fernandes, 1952, S. 25). Vor allem durch die Anwesenheit und den großen Einfluss von Lévi-Strauss und Roger Bastide wies die Soziologie in Brasilien eine enge Beziehung zur Anthropologie auf, die in die historischstrukturelle Methode von Florestan, die viele funktionalistische Ideen enthielt, einfloss.

Anfang der 1950er-Jahre übernahm er die höchste Position in der wissenschaftlichen Hierarchie von seinem ehemaligen Professor und jetzigen Mitarbeiter Bastide. Zu diesem Zeitpunkt hatte er die entsprechende intellektuelle und institutionelle Reife erlangt (Garcia, 2002) und schuf um sich herum eine Gruppe von Forschern, die in Zukunft als „Schule von São Paulo" oder „Paulista-Schule der Soziologie" bezeichnet werden sollte. Diese Gruppe arbeitete von 1954 bis 1969 in der ehemaligen FFCL zusammen. Die Anlehnung des Gruppennamens an die Chicagoer Schule war kein Zufall, sondern folgte der Idee, die Stadt São Paulo als großes Laboratorium zu betrachten: In enger Anlehnung an die Arbeit von Robert Park „habe ich mir das Beste vorgestellt", so Fernandes (1980, S. 170). Allerdings arbeitete die Gruppe mit unterschiedlichen theoretischen Ansätzen. Die Gruppe in São Paulo war anfangs von einer einzigartigen Synthese aus a) Karl Mannheims Konzeption der Politik als vollständiger Konstruktion der industriellen und sozialen Ordnung und b) der funktionalistischen Methode (Liedke Filho, 1977) geprägt, die als „historisch-strukturelle Methode" bezeichnet wurde.

Es handelte sich um eine sehr aktive Gruppe mit regelmäßigen Veröffentlichungen, wissenschaftlichen Sitzungen und Debatten. Im Gegensatz zu den meisten bedeutenden Sozialwissenschaftlern der damaligen Zeit, die führende Positionen in renommierten Fachzeitschriften einnehmen wollten,[6] gab die Gruppe um Florestan keine eigene wissenschaftliche Zeitschrift heraus. Nichtsdestotrotz trat sie als zeitgenössische Forschungsgruppe auf, die in verschiedenen Zeitschriften für unterschiedliche Zielgruppen Artikel publizierte, um ihre Arbeit bekannt zu machen. Ihre Artikel wurden in fast jeder Zeitschrift publiziert (Jackson, 2007).

Trotz ihrer vielfältigen Tätigkeitsbereiche befasste sich die Gruppe als übergreifenden Schwerpunkt mit dem Thema „Ursachen, Charakterisierung und Auswirkungen des Entwicklungsrückstands in Brasilien" (Bastos, 2002, S. 185–186). Ihre Forschung konzentrierte sich auf a) die Beziehungen zwischen ethnischen Gruppen in Brasilien, b) die Industrialisierung São Paulos und ihre Folgen und c) die soziologische Analyse der brasilianischen Entwicklung (Liedke Filho, 1977). Damit wichen die Forschungsinteressen der Gruppe in gewisser Hinsicht von denen ab, die Florestans Doktorvater Bastide im Laufe seiner Karriere in Brasilien etabliert hatte – Forschungen zur Interpretation westlicher und afrobrasilianischer Kulturformen und sozialer Praktiken. Das Erbe von Bastide wurde jedoch von anderen Soziologinnen wie Maria Isaura Pereira de Queiroz und Gilda de Mello e Souza fortgeführt und weiterentwickelt. In Bezug auf die Erforschung ethnischer Beziehungen hat die Gruppe wichtige Arbeiten vorgelegt. So gab die UNESCO zwischen 1949 und 1951 eine Studie in Auftrag, um herauszufinden, ob Gilberto Freyres berühmte Beschreibung der Rassenmischung zutreffend war. Dazu beauftragte sie Bastide als Studienleiter, der seit seiner Ankunft in Brasilien die Beziehungen zwischen den ethnischen Gruppen untersucht hatte. Bastide wollte, dass Florestan als Mitarbeiter Teil seines Teams wurde. Da dieser aber wenig Erfahrung mit diesem Thema hatte, lud Florestan seinerseits seine Studenten Fernando Henrique Cardoso und Octavio Ianni ein, die ihn bei dem Projekt unterstützen sollten. Wie Fernando Henrique in einem Interview sagte,[7] wollte die UNESCO beweisen, dass es in Brasilien tatsächlich eine Rassendemokratie gab. Die Ergebnisse der Studie zeigten jedoch das Gegenteil. Aufgrund dieser neuen Analyse wurden in Brasilien viele Studien zu diesen Themen durchgeführt.

Am Ende dieses Prozesses veröffentlichte Florestan 1964 sein Buch *A Integração do Negro na Sociedade de Classes* (Der Schwarze in der brasilianischen Gesellschaft). Auch seine Schüler verfassten wertvolle Werke zu diesem Thema. Drei Jahre zuvor verteidigten Fernando Henrique Cardoso und Octavio Ianni ihre Doktorarbeiten mit den Titeln „Formação e desintegração da sociedade de castas: o negro na ordem escravocrata do Rio Grande do Sul" (Bildung und Auflösung der Kastengesellschaft: Der Schwarze in der Sklavenordnung von Rio Grande do Sul) bzw. „O negro na sociedade de castas" (Der Schwarze in der Kastengesellschaft). Später veröffentlichten Maria Sylvia de Carvalho Franco und Juarez Rubens Brandão Lopes ihre Dissertationen „Homens livres na velha civilização do café" (Freie Männer in der alten Kaffeezivilisation) und „Crises do Brasil Arcaico" (Krisen des alten Brasiliens). Die historisch-strukturelle Untersuchungsmethode bildete den Rahmen für alle diese Arbeiten, die sich hauptsächlich auf Florestans theoretisches und methodisches Lehrbuch *Fundamentos Empíricos da Explicação Sociológica* (Empirische Grundlagen soziologischer Erklärungen) stützten.

Antônio Sérgio Guimarães (2008) stellt im Vorwort der neuen portugiesischen Ausgabe von Florestans *A Integração do Negro na Sociedade de Classes* fest, dass Florestan „die Herren-Sklaven-Beziehung, die für die

Anhäufung des materiellen Reichtums von zentraler Bedeutung war, analysiert und untersucht, wie die soziale und die wirtschaftliche Ordnung zusammenhingen" (S. 13). Darüber hinaus fragt sich die Studie, „wie sich solche Ordnungen im Laufe der Zeit wiederholten, mit anderen Worten, wie politische und ideologische Ordnungen auf die Wirtschaft und die Gesellschaft zugeschnitten sind" (S. 13). Florestan bricht mit Freyres These der Rassendemokratie und wirft ein neues Licht auf die brasilianische Vergangenheit, um die aktuellen sozialen Widersprüche zu erklären. Diese Arbeit belegt, dass seit der Kolonialzeit „Verhältnisse von Unterdrückung, Hierarchie und Ausbeutung (der Arbeitskraft und der Sexualität) der Schwarzen durch die Weißen vorherrschten. Die Ideologie der brasilianischen Rassendemokratie, die von Freyre und seinen Nachfolgern gepflegt wurde, verdeckte einen Rassen- und Klassenkonflikt, den Florestan Fernandes in seinen umfangreichen Untersuchungen anprangert" (Freitag, 2005, S. 233–234).

Viele brasilianische Wissenschftler wie Gabriel Cohn, Fernando Henrique Cardoso und Antonio Candido betrachten *A Integração do Negro na Sociedade de Classes* als Florestans Meisterwerk. Nach Ansicht von Antônio Sérgio Guimarães (2002), einem Soziologen, der sich auf ethnische Studien in Brasilien spezialisiert hat, ist die große Lebendigkeit des Buchs darauf zurückzuführen, dass es „ein politisches Ausbildungshandbuch für die jungen linken Intellektuellen ist, die an unsere Universitäten kamen und die schwarze Sozialbewegung und die Wiederherstellung der politischen Demokratie in den 1970er-Jahren neu beleben sollten". Er kommt zu dem Schluss, dass „dieser Text unser Verständnis des brasilianischen Rassismus revolutioniert hat" (Guimarães, 2008, S. 13). Das Buch wurde in den 1970er-Jahren unter dem Titel *The Negro in Brazilian Society* in englischer Sprache veröffentlicht und erhielt positive internationale Kritiken, in denen insbesondere auf den mythenbrechenden Charakter von Florestans Argumenten gegen Brasilien als „Rassendemokratie" und die Abwesenheit von Vorurteilen – dem alten Mythos zufolge eine Rassenutopie – abgehoben wurde.

Die Integration Schwarzer stellte ein Problem für die Entwicklung Brasiliens zu einer modernen Zivilisation dar, wie Florestan erklärt: „Der Schwarze ist heute zum Gradmesser unserer Fähigkeit geworden, in den Tropen das Fundament für eine moderne Zivilisation zu errichten" (Fernandes, 1965, S. 333). Was war also dieser Mythos der Rassendemokratie?

Wie wir gesehen haben, trieb der Staat São Paulo eine liberale Transformation der Gesellschaft voran, indem er ein bürgerlicher Rechtsstaat wurde und mit dem alten kolonialen und imperialen Erbe brach. Warum also standen Schwarze immer noch am Rand oder auf der untersten Ebene der sozialen Hierarchie, wenn es keine explizite offene Opposition gegen einen möglichen Aufstieg Schwarzer in der sozialen Struktur gab? Florestan vertritt die Ansicht, dass die während der Sklaverei entstandenen Muster der Rassenbeziehungen fortbestehen. Anders als in den Vereinigten Staaten gab es „keine Form des bewussten und organisierten offenen Widerstands, der Schwarze, Weiße und Mulatten in oppositionelle und sich bekämpfende Positionen gebracht hätte" (Fernandes, 1965, S. 326). Der weiße Mann brauchte sich vor dem neu befreiten schwarzen Mann nicht zu fürchten. Er war Teil des „kulturellen Erbes der herrschenden Klassen", das sich in einer unangemessen autoritären Haltung gegenüber Schwarzen zeigte. Die Weißen stießen die Schwarzen weder ab noch akzeptierten sie sie vollumfänglich. Florestan zufolge schadet dieses Verhalten dem Schwarzen nicht vorsätzlich, sondern ist vielmehr in sozialen Gewohnheiten verwurzelt. Wenn es also zu einer expliziten feindseligen Haltung gegenüber einem Schwarzen kam, gab es eine breite öffentliche Missbilligung. Das Fehlen eines offenen Konflikts gegen Schwarze wurde durch die Passivität Schwarzer unterstrichen, die dazu neigten, solche alten und tradierten sozialen Verhaltensmuster hinzunehmen und aufrechtzuerhalten.

Diese Situation der Schwarzen führte diejenigen in die Irre, die die Zeit der Sklaverei verstehen wollten. „Fast ein halbes Jahrhundert lang blieb eine Rassenideologie, die den ökologischen, ökonomischen, psychologischen, sozialen, kulturellen, rechtlichen und politischen Fundamenten einer multiethnischen, säkularisierten, offenen und ausgesprochen vielfältigen Gesellschaft entgegenstand, vorherrschend und unantastbar!" (Fernandes, 1965, S. 328). Florestan stellte die Behauptung auf, dass der Rassenmythos drei wichtige praktische Funktionen erfüllte: Er diente dazu, dem Schwarzen die Verantwortung für all seine Dramen und Leiden zuzuschreiben; er befreite den Weißen von jeglicher moralischer Verpflichtung in Bezug auf die nachteiligen sozialen Auswirkungen nach Abschaffung der Sklaverei und die fortschreitende Verschlechterung der sozioökonomischen Situation von Schwarzen und Mulatten; und er stellte eine Wiederbelebung der gängigen Praxis dar, „Beziehungen zwischen ‚Schwarzen' und ‚Weißen' allein auf Äußerlichkeiten oder den Anschein rassischer Anpassungen zu beschränken und diese auf dieser Basis zu bewerten, wodurch ein falsches Bewusstsein über die brasilianische ethnische Realität geschaffen wurde" (Fernandes, 1965, S. 333).

Diese Ideen untermauerten die Rassenideologie, die die Vorstellung unterstützte, dass „der Schwarze in Brasilien keine Probleme habe", weil es keine Rassenunterschiede zwischen Schwarzen und Weißen gäbe. So seien die Möglichkeiten zur Anhäufung von Reichtum, sozialem Prestige und Macht während der städtischen und industriellen Entwicklung der Stadt São Paulo für alle gleichermaßen verfügbar und zugänglich. Angesichts dessen seien die Schwarzen mit ihrer sozialen Lage und ihrem Lebensstil in São Paulo schlicht unzufrieden. Die Mittelschicht überdeckte ihren Rassismus, indem sie propagierte, dass es keine rassenbedingten, sondern nur Klassenungleichheiten gebe. Die Verherrlichung der friedlichen Beziehung zwischen Schwarzen und Weißen, die in Freyres Texten allgegenwärtig ist, erzeugte in der Tat eine implizite Stereotypisierung und eine universelle unsichtbare Barriere und führte zu dem Versagen, die Situation Schwarzer so zu sehen, wie sie war. Florestan richtete sich in seinen ethnischen Studien nicht gegen alle Idee von Freyre. Er akzeptierte z. B. Freyres Idee der sozialen Mobilität von Mulatten durch Bildung.

In gewisser Weise widerspricht Florestan auch Piersons Ansatz zur sozialen Schichtung in Brasilien; auch er betrachtete die Rassenfrage als eine Klassenfrage. Für Pierson war die soziale Schichtung in Brasilien durch offene oder durchlässige soziale Gruppen gekennzeichnet, „eine multirassische Klassengesellschaft" (Pierson, 1942), und nicht durch starre und selbstbezogene soziale Schichten. Im Gegensatz dazu waren für Florestan Fernandes die sozialen Klassen soziale Strukturen, die Handlungsmöglichkeiten begrenzten. Während Pierson den Begriff der Klasse lediglich als eine soziale Schicht mit höherer Mobilität auffasste, stellte die Klasse für Florestan Fernandes ein grundlegendes soziologisches Forschungsobjekt dar, das es zu analysieren galt: Eine zentrales Objekt der Soziologie war für ihn „die Kenntnis der Ursprünge, der Struktur und der Dynamik der Klassengesellschaft" (Fernandes, 1949, S. 93).

Die Beziehungen zwischen ethnischen Gruppen waren ein vielversprechendes Forschungsthema, da hierzu bereits Anfang der 1960er-Jahre qualitativ hochwertige Arbeiten vorlagen. Nach dem Militärputsch von 1964 hatte sich das Thema jedoch auf einen Schlag erledigt. Dieser Prozess begann bereits in der Alten Republik und wurde durch die Revolution von São Paulo 1930 weiter verstärkt. Wie wir gesehen haben, beschäftigten sich Soziologen bis dahin vor allem mit den Herausforderungen und Folgen dieser Zeit, aber am 31. März 1964 änderte sich alles. Ironischerweise wurde das Thema genau in dem Moment in den Hintergrund gedrängt, als in Brasilien eines der besten Werke über ethnische Beziehungen erschien.

Die soziologische Schule von São Paulo, ein Blick auf die Entwicklung und den wissenschaftlichen Marxismus

Wie bereits erwähnt, gab es an der soziologischen Schule von São Paulo viele Forschungsrichtungen. Zwei wichtige Themen wurden von den Soziologen um Florestan untersucht: Entwicklung und Marxismus. In den 1960er-Jahren stellte die Gruppe im Rahmen eines Forschungsprojekts mit dem Titel „Wirtschaft und Gesellschaft in Brasilien: Eine soziologische Analyse der Unterentwicklung" einige Fragen und Hypothesen zu Entwicklungs- und Wirtschaftsthemen auf. Es ging ihnen dabei um die Erklärung der Entwicklung der brasilianischen Wirtschaft im Vergleich zu den anderen lateinamerikanischen Ländern; die Erforschung, warum diese Entwicklung trotz Schaffung einer diversifizierten Produktionsgrundlage erneut zu sozialer Ausgrenzung, Armut und regionalen Ungleichheiten geführt hat; und das Verständnis der vorhandenen ursprünglichen und modernen Elemente in der brasilianischen Gesellschaftsstruktur (Bastos, 2002). Als Ergebnis des Projekts wurde 1962 das Centro de Estudos Sindicais e de Economia do Trabalho (CESIT), das Zentrum für Industrie- und Arbeitssoziologie, gegründet. Ihm kam die Aufgabe zu, Studien zur Charakterisierung und zur Identifizierung von Aspekten der brasilianischen Wirtschaftsentwicklung zu entwickeln. Das Zentrum-Peripherie-Modell wurde in diesem Zentrum entwickelt. Damals ging man davon aus, dass man von der Peripherie aus die Gesellschaftsbewegung besser wahrnehmen und so ihre strukturgebenden Prinzipien überprüfen kann. Diese Studien sollten später in der von Fernando Henrique Cardoso entwickelten Dependenztheorie münden, die im nächsten Kapitel näher erläutert wird.

Die Einführung des wissenschaftlichen Marxismus in die brasilianische akademische Welt war eine unvorhergesehene Errungenschaft der soziologischen Schule von São Paulo. Fernando Henrique Cardoso und Octavio Ianni gründeten das sogenannte Marx-Seminar, das sich mit dem Thema „Kapital" beschäftigte. Diese Seminare „erreichten aufgrund der enormen Produktivität und des Einflusses ihrer Teilnehmer eine fast legendäre Bedeutsamkeit in der brasilianischen Geistesgeschichte" (Goertzel, 2002, S. 20–21). Unter den Teilnehmern des Seminars waren die bedeutendsten Wissenschaftler José Arthur Giannotti, Fernando Novais,[8] Paul Singer, Ruth Cardoso und natürlich Fernando Henrique Cardoso und Octavio Ianni. Seltsamerweise luden sie Florestan Fernandes nicht zu dem Seminar ein, aus Gründen, die nicht klar sind. Die Entscheidung der Gruppe, Marx als ersten zu studierenden Autor auszuwählen, war darauf zurückzuführen, dass er im Lehrplan des Grundstudiums fehlte. An der Universität war bekannt, dass die Kommunistische Partei sein Werk in einer begrenzten und verzerrten Weise dargestellt hatte, sodass es nicht als Lehrstoff aufgenommen wurde.

Fernando Henrique erklärte in einem Interview, dass Florestan der Lektüre von Marx und Lukacs sehr misstrauisch gegenüberstand, weil er befürchtete, dass seine Studenten „zu Diskussionen über Modelle zurückkehren würden, anstatt die Analyse historischer empirischer Entwicklungen voranzutreiben". In der Tat fürchtete er, dass damit der essayistische Duktus wiederkehren könnte, den er sein ganzes Leben lang bekämpft hatte. Der Marxismus wurde von Florestan erst aufgegriffen, als er seine Theoriebildung bereits abgeschlossen und von jeglichem Dogmatismus befreit hatte. Für Florestan war er kein theoretischer Einflussfaktor, sondern ein soziales und politisches Werkzeug, das ihm half, gegen Ungerechtigkeit zu kämpfen. In seinen späteren Jahren begann Florestan unter dem Einfluss des Marxismus, auch politische Texte zu verfassen, die er selbst als „kämpferische und kritische Soziologie" bezeichnete.

Neben marxistischen Werken verfasste die Gruppe zudem ein umfangreiches und vielseitiges Buch über allgemeine Soziologie. Obwohl sie noch jung waren, gaben Fernando Henrique und Octavio Ianni ein Lehrbuch für Soziologiestudenten heraus, das eine Sammlung von Texten namhafter Soziologen umfasste. Sie nannten das Buch *Homem e Sociedade* (1961), Mensch und Gesellschaft. Es war in drei Abschnitte gegliedert: soziale Systeme, soziale Interaktion und soziale Interaktionsprozesse. Veröffentlicht in einer Zeit, in der es nur wenige Lehrbücher der Soziologie gab, nahm *Homem e Sociedade* schnell eine zentrale Stellung ein. Es sollte noch angemerkt werden, wie stark Florestan in seinem Buch *Fundamentos empíricos da explicação sociológica* (1978 [1958]), Empirische Grundlagen soziologischer Erklärungen, auf die drei Klassiker der Soziologie – Karl Marx, Émile Durkheim und Max Weber – abhebt.

SOZIOLOGIE AUSSERHALB VON SÃO PAULO, DIE ARBEIT VON GUERREIRO RAMOS

Alberto Guerreiro Ramos (1915–1982) war ein wichtiger brasilianischer Soziologe (auch wenn er nicht so bekannt war wie Florestan Fernandes). Abseits des Diskurses und des Schaffens der FFCL-USP entwickelte er seine Ideen im Obersten Institut für Brasilianische Studien (Instituto Superior de Estudos Brasileiros, ISEB) in Rio de Janeiro. Das ISEB wurde 1955 im damaligen Bundesdistrikt Brasiliens gegründet. Seine Hauptaufgabe war die Ausbildung von Forschern und Staatsbediensteten, um die öffentliche Verwaltung besser organisieren und betreiben zu können. Mit anderen Worten ging es darum, die Menschen, die den Regierungsapparat bilden und konsolidieren sollten, in soziologischen Theorien und Methoden auszubilden. Das Institut bestand aus fünf Abteilungen: Geschichte, Philosophie, Politik, Wirtschaft und Soziologie. Sie arbeiteten zusammen, um Forschung und Lehre mit Schwerpunkt auf soziale Themen in Brasilien zu fördern. Das ISEB war eine Organisation, die sowohl die Ausbildung als auch die Forschung und die Verbreitung von Studien zur Entwicklung förderte. Regelmäßige Kurse wurden ausschließlich auf der Graduiertenebene angeboten und in erster Linie von Staatsbediensteten besucht. Guerreiro Ramos war Koordinator des Fachbereichs Soziologie, in dem Studien zur wirtschaftlichen und sozialen Entwicklung durchgeführt wurden. Die meisten soziologischen Dissertationen, die am ISEB verteidigt wurden, befassten sich mit Herausforderungen und Konsequenzen, die sich aus dem Erreichen (oder Nichterreichen) der nationalen Entwicklung ergaben. Neben der Forschung und der Lehre hatte das ISEB auch Einfluss auf Regierungsentscheidungen und die Weiterentwicklung öffentlicher Maßnahmen.

Am ISEB und damit auch von Guerreiro Ramos wurden ein völlig anderer Ansatz und Arbeitsstil als an der soziologischen Schule von São Paulo verfolgt. Wie bereits erwähnt, stand am Anfang des soziologischen Denkens in Brasilien das Bestreben, eine allgemeine Theorie über das Land zu entwickeln. Zu dieser Zeit waren die Soziologen der FFCL und der ESP jedoch nicht an diesem Projekt interessiert; sie entschieden sich für die Durchführung von Studien zum Gemeinwesen und zu anderen spezifischen Themen. Guerreiro Ramos griff das Bemühen um die Formulierung einer allgemeinen Theorie wieder auf, um die entwicklungsorientierte Rolle des ISEB auszufüllen.

Als streitbare Person legte sich Guerreiro Ramos oft mit großen Namen der Sozialwissenschaften wie Gilberto Freyre und Florestan Fernandes an. Deshalb wurde er von den Soziologen São Paulos mit Misstrauen betrachtet, da er sich starr an den Interessen der Bundesverwaltung und dem Streben nach Wirtschaftswachstum orientierte. Das vom ISEB vertretene Konzept der wirtschaftlichen Entwicklung war insbesondere auf die Förderung der Kapitalakkumulation, die Einbeziehung des technischen Fortschritts und die Anhebung des Lebensstandards der Bevölkerung ausgerichtet. Um dies zu erreichen, befürwortete das ISEB eine kapitalistische und nationale Reform und den Prozess des nachhaltigen Einkommenszuwachses der Bevölkerung unter strategischer Führung des Nationalstaats. Die Hauptakteure dieses Prozesses sollten nationale Unternehmer sein; sie und nicht die landwirtschaftliche Elite sollten die Entwicklung des Landes vorantreiben. Außerdem musste die Reform auf nationaler Ebene erfolgen, mit eigenen, vom Staat akkumulierten Ressourcen. Die Rolle, die das ISEB der intellektuellen Elite (als Teil der Regierung) und dem Autoritarismus des Staats zuweist, ist daher bemerkenswert. Ein solcher Autoritarismus sei notwendig, da sich herausgestellt habe, dass die traditionelle und ursprüngliche Gesellschaft nicht in der Lage sei, von sich aus mehr Dynamik zu entwickeln. „Dieses Modell [...] zeichnet sich durch den starken und aktiven Staat aus, der im Dienste des Geschäfts- oder Industriebürgertums, im Dienste des Monopolkapitals steht" (Ianni, 2004, S. 256).

Die Intellektuellen São Paulos, insbesondere diejenigen, die mit der FFCL verbunden waren, kritisierten den populistischen Nationalismus, der das ISEB charakterisierte. Zunächst kritisierten sie den unwissenschaftlichen Charakter der vom Institut durchgeführten Studien, der den wissenschaftlichen Ansprüchen der FFCL-USP nicht genügte:

> Florestan kritisierte Guerreiro Ramos bei seiner Präsentation auf dem zweiten lateinamerikanischen Kongress für Soziologie. Für Guerreiro Ramos war die Soziologie ein Projekt, eine Perspektive. Ihm zufolge sollte der Soziologe sein Wissen nutzen, um auf das Bewusstsein und die Realität einzuwirken, und so eine authentische, nationale Soziologie schaffen, die sich deutlich von importierten (fremdbestimmten) Soziologien abgrenzte. Florestan Fernandes betrachtete die Soziologie hingegen als eine Wissenschaft, die universellen Grundsätzen folgt, wertfrei und unabhängig ist und nicht

durch den nationalen, politisch-kulturellen Kontext bestimmt wird. Auf der einen Seite kann man eine phänomenologische Betrachtungsweise der Soziologie erkennen, auf der anderen Seite eine positivistische. (Motta, 2000, S. 119)

Guerreiro Ramos griff 1954 die Forschungen von Florestan über Schwarze in Brasilien an und wandte sich direkt gegen die Methoden des Erkenntnisgewinns der FFCL zu diesem Thema. Er sagte, dass der Schwarze „bei uns wie ein Strohhalm oder eine Mumie studiert wurde [...], der Spur der historischen Rekonstruktion, der volkskundlichen Studien folgend" (Ramos, 1954, S. 165).

Obwohl Guerreiro Ramos gegen marxistische Ideen war und sich an staatlichen Forschungsvorhaben beteiligte, hat er den Marxismus immer als ein echtes Instrument politischer Akteure betrachtet. Er verteidigte den wissenschaftlichen Anspruch der Soziologie, die eine Umgestaltung des Landes zum Ziel hat, aufgrund ihrer Theorieautonomie und sorgfältigen Prüfung abwegiger Theorien. In seinem Buch *A Redução Sociológica* (1958), Eine soziologische Reduktion, wehrt er sich gegen die unkritische Übernahme von soziologischen Theorien, die außerhalb Brasiliens entwickelt wurden. Mehr noch, er hatte verstanden, dass sich der Soziologe außerhalb der akademischen Welt bewegen musste, um die Gesellschaft zu verändern, indem er Positionen in der öffentlichen Verwaltung besetzte.

Guerreiro Ramos wandte sich mit seiner Position klar gegen die sogenannte Modernisierungstheorie, eine Theorie, die weithin als neokolonialistisch kritisiert wurde. Dem neokolonialistischen Ansatz folgend wurde der Neoimperialismus als eine Form des Kulturimperialismus oder der kulturellen Entfremdung angeprangert, die den Import ethischer, soziologischer und kultureller Paradigmen aus den imperialistischen Zentren beinhaltete. In der Modernisierungstheorie wird der Entwicklungsprozess als eine Übergangsphase zwischen einer traditionellen ländlichen Gesellschaft und einer modernen Industriegesellschaft betrachtet. Vollzieht sich dieser Übergang nicht vollständig, bringt er die Koexistenz beider Gesellschaftsformen innerhalb einer einzigen nationalen Organisation mit sich; das Resultat ist eine duale Gesellschaft. Dieses Konzept wurde nicht nur von internationalen Organisationen wie der UNESCO für ihre Analysen und Maßnahmen akzeptiert, sondern bildete auch die Grundlage für die Entstehung einer genuinen Soziologie der Entwicklung in Brasilien. Brasilianische Soziologen lehnten die Modernisierungstheorie mit dem Vorwurf ab, es handele sich um ein für jede Art von Gesellschaft geeignetes Allgemeingut. Die brasilianische Soziologie der Entwicklung sollte hingegen eine authentische, kämpferische Disziplin sein, die der brasilianischen Realität entspräche. Guerreiros Prämisse folgend sollte diese Disziplin Wissen und Praxis miteinander verknüpfen. Die Ausarbeitung eigener Theorien und Methoden für die Analyse nationaler Probleme sei die einzige Möglichkeit zur Überwindung der Krise der Soziologie, während das Fortbestehen der importierten wissenschaftlichen Soziologie, insbesondere wenn sie aus Europa oder den Vereinigten Staaten stammte, gleichzeitig das Fortbestehen des Neokolonialismus und des kulturellen Imperialismus bedeuten würde.

Guerreiro verfasste auch Texte über die öffentliche Verwaltung, die noch immer anerkannt sind und in Kursen für öffentliche Verwaltung, Wirtschaft und öffentliche Politik gelehrt werden. Guerreiro schlug eine neue Organisationstheorie vor und verwarf die traditionelle Organisationstheorie, die nur rationale Akteure kenne, die sich mit praktischen und unmittelbaren Problemen befassten, um die Effizienz der Organisation zu maximieren. Er argumentierte, dass die menschliche Psyche der Ausgangspunkt für eine Neugestaltung der angewandten Sozialwissenschaften und insbesondere der Organisationstheorie sei. In seinem Buch *A Nova Ciência das Organizações* (1989),[9] Die neue Wissenschaft der Organisationen, kritisierte er den übermäßigen Gebrauch der marktorientierten Organisationstheorie, der eine Überbetonung der Idee der Rationalität mit sich bringe. Sie behindere mögliche neue soziale Systeme, die zur Überwindung der grundlegenden Dilemmata unserer Gesellschaft erforderlich seien.

Maria Isaura Pereira de Queiroz: Eine Soziologie des ländlichen Raums

Frauen spielten in der Geschichte der brasilianischen Soziologie von Anfang an eine große Rolle. In dieser goldenen Ära der Soziologie entwickelte Maria Isaura Pereira de Queiroz (1918–2018) an der USP ein neuen Schaffensbereich, die sich völlig von dem der Schule der Soziologie in São Paulo unterschied. Maria Isaura war emeritierte Professorin und lehrte und forschte vier Jahrzehnte lang. Sie studierte an der USP unter der Leitung von Roger Bastide und absolvierte ein Aufbaustudium an der École Pratique des Hautes Études, an der sie 1959 ihren Doktortitel erhielt. Die aus einer progressiven Familie stammende Nichte der ersten weiblichen Bundesabgeordneten Brasiliens (die 1934 ihr Mandat antrat) durchlief eine solide, fortschrittliche Karriere in der Soziologie. Wie bereits erwähnt, konzentrierten sich die soziologischen Studien in Brasilien in dieser Zeit auf die Anwendung von auf dem europäischen Modell basierenden wissenschaftlichen Erkenntnissen, die dem Land bei seinem Modernisierungsprozess helfen sollten. Maria Isaura Pereira de Queiroz schlug einen anderen Ansatz vor, in dem die ländliche Gesellschaft und ihre Praktiken in den Blick genommen wurden.

Sie schrieb leidenschaftliche soziologische Texte über das traditionelle Brasilien, das Land, seine Dynamik und seine „Charaktere". Von den obersten bis zu den religiösen Persönlichkeiten, von der Wahlpolitik bis zu den Volkstänzen, Maria Isaura studierte und beschrieb nahezu alles. Sie beschäftigte sich mit der soziologischen Bearbeitung von Themen, die traditionell Gegenstand der Anthropologie waren. Obwohl diese Themen von den Vorgängern der Soziologie in Brasilien wie Euclides da Cunha und Silvio Romero eingehend untersucht worden waren, gerieten sie bei ihren Zeitgenossen völlig in Vergessenheit. Sie nahm das Erbe dieses traditionellen sozialen Denkens auf und vertiefte es in sehr poetischen und dichten Texten. Während ihrer Karriere war sie eine große Befürworterin der Institutionalisierung der ländlichen Soziologie.[10]

Forschungsschwerpunkt von Maria Isaura waren Ursachen und Gründe für soziale Veränderungen, die von den sozialen Bewegungen auf dem Land vorangetrieben wurden.[11] Sie untersuchte, ob die sozialen Bewegungen auf a) die Unzufriedenheit des Volks mit den Herrschenden, b) den Bruch von Regeln oder Konventionen, die die Beziehungen zwischen den sozialen Gruppen regelten, oder c) eine Krise aufgrund des Schocks der schnell eingeführten Kulturunterschiede zurückzuführen sind. Sie wies darauf hin, dass diese Volksbewegungen einen sozialen Wandel herbeiführen können, selbst wenn es sich um eine Gruppe von Analphabeten handele. Dies stand im Widerspruch zu einer weitverbreiteten Meinung über die Wahldynamik in ländlichen Gebieten Brasiliens. Seit Beginn der Republik hatten sich Historiker und Sozialwissenschaftler an die Vorstellung von der Stärke des „Halftervotums" in den ländlichen Gebieten Brasiliens geklammert, bei dem die Armen durch Drohungen und Gewalt gezwungen wurden, für Kandidaten zu stimmen, die von den Großbauern der Region unterstützt wurden. Demgegenüber erklärte sie, dass die Landbevölkerung durch eine rationale Logik motiviert sei, die mit ihren Interessen übereinstimme. Mit anderen Worten: Die scheinbare

Unordnung der politischen Sphäre war in Wirklichkeit das Produkt einer logischen Organisation, die viel komplexer war als eine ländliche Abstimmung, die durch die Manipulation von Großgrundbesitzern angetrieben wurde.

Auf diese Weise verfolgte sie einen völlig anderen Ansatz als Florestan und andere Kollegen.[12] Sie zeigte die Kraft des sozialen Wandels auf, die die ländliche Gesellschaft entfalten konnte. Dieser Wandel konnte nicht durch die Wissenschaft oder den Modernisierungsprozess herbeigeführt werden, sondern er war vielmehr eine Folge der Eigendynamik der ländlichen Gesellschaft. Sie kritisierte evolutionistische und teleologische Erklärungsmodelle, mit denen die Veränderungen in der brasilianischen Gesellschaft zu jener Zeit interpretiert wurden. Sie verstand, dass die traditionelle Gesellschaft keinesfalls einem Stadium mit rückständigen Entwicklungen entsprach. Traditionen waren Teil der brasilianischen Sozialbewegung und die wichtigste Quelle für Identität und Kultur. Ihre Ablehnung allgemeiner Modelle zur Interpretation des modernen Brasiliens erinnert ein wenig an die soziologische Fantasie von Euclides da Cunha im späten 19. Jahrhundert.

Sie plädierte für Volksstudien als Mittel zum Verständnis umfassenderer sozialer Phänomene, anstatt diese als bloße „Ethnografien ohne Theorie" zu betrachten, wie es oft der Fall war.[13] Ihre Studien folgten einem ausgeprägten relationalen Ansatz, bei dem die Individuen in eine soziale Struktur eingebettet sind, die sich ständig durch Anpassungen, Austausch, Konflikte und Widersprüche verändert. Für sie ist der soziale Wandel ein langsamer und häufiger Prozess, an dem die Individuen gleichberechtigt beteiligt sind. Unter den vielen bedeutenden Soziologen dieser Jahrzehnte verdient es Maria Isaura mehr als jeder andere, als innovative Soziologin hervorgehoben zu werden, die mit der vorherrschenden Sichtweise brach. Sie hat ihren Kollegen die Stirn geboten und diese herausgefordert.

Überblick über die wissenschaftlichen Themengebiete in der goldenen Ära der Soziologie

Laut Glaucia Villas Bôas (2007) wurden zwischen 1945 und 1966 121 Soziologiebücher in Brasilien veröffentlicht. Sie unterteilt den Zeitraum in zwei Jahrzehnte, um die Verlagerung von Interessen in der Publikationsgeschichte aufzeigen zu können. Von 1945 bis 1955 wurden nur 34 Bücher über Soziologie veröffentlicht, während es von 1956 bis 1966 insgesamt 87 waren. Wenn wir uns an die von ihr vorgenommene Einteilung der Bücher nach ihrem Forschungsgegenstand halten, ergibt sich folgendes Bild:

(1) *Theorie und Methodik*. Etwa ein Fünftel aller Bücher in diesem Zeitraum befasste sich mit Theorie und Methodik. Allerdings gibt es einen großen Unterschied zwischen dem ersten und dem zweiten Jahrzehnt: Die absolute Zahl dieser Art von Arbeiten nahm zu, obwohl sie proportional von 26,4 auf 17,2 % zurückging. Dies verdeutlicht das gestiegene allgemeine Forschungsinteresse von einem Jahrzehnt zum nächsten.

(2) *Sozialer Wandel, Industrialisierung und Entwicklung*. Diese Studien machen etwa ein Sechstel der Bücher aus. Dieser Anteil allein hat keine Aussagekraft. In der ersten Dekade gab es nur ein einziges Buch zu diesem Themenkomplex, während es in der folgenden Dekade 20 waren (etwa ein Viertel der Gesamtzahl). Dies zeigt, wie zentral die Fragen sind, mit denen sich die Schule von São Paulo befasst hat. In der zweiten Dekade, von 1956 bis 1966, entstand außerdem die Urbanistik, mit der sich fast ein Zehntel der veröffentlichten Bücher befasste.

(3) *Ländliche Studien* und (4) *historische Studien* sowie *Studien zur sozialen Mobilität* zeigen ein ähnliches Interesse der Soziologen. Auf diese beiden Themen entfällt etwa ein Sechstel aller soziologischen Bücher, doch verlieren sie im Laufe der Zeit leicht an Bedeutung.

(5) *Lehrbücher und Einführungen in die allgemeine Soziologie* standen im Gegensatz zu den 1930er-Jahren in dieser Zeit nicht mehr im Mittelpunkt. In diesem Zeitraum wurden nur 11 Bücher dieser Art veröffentlicht. Im Durchschnitt entfiel ein Zehntel der wissenschaftlichen Werke auf Lehrbücher. Aus diesem Grund hatte Fernando Henriques und Octavio Iannis *Homem e Sociedade* (1961), Der Mensch und die Gesellschaft, eine so große Wirkung, obwohl es sich nur eine Sammlung von Beiträgen handelte.

(7) *Religion* und (8) *Erziehung und Unterricht* wurden noch nicht in vielen Büchern behandelt. In Bezug auf das Thema Religion ist es wichtig, zu erwähnen, dass Professor Cândido Procópio Ferreira de Camargo an der ESP Anfang der 1960er-Jahre den Beginn des Studiums der Religionssoziologie in Brasilien einläutete. Er veröffentlichte 1961 eine soziologische Interpretation des Kardecismus und der Umbanda.[14] Natürlich hatte man sich schon vorher für die Umbanda als afrobrasilianische Religion interessiert und damit auch für das Problem des religiösen Synkretismus. Der Synkretismus spiegelt die Vorstellung von Brasilien als einem

friedlichen und glücklichen Schmelztiegel wider, einem Ort ohne Vorurteile. Wie wir wissen, war dies ein Mythos. Das tragische Phänomen, das im religiösen Kontext auftrat, ergab sich aus der Spannung zwischen der Säkularisierung und der Zunahme „religiöser Ausschweifungen", insbesondere durch den beträchtlichen Zulauf, den die Pfingstbewegung erfuhr. Die Komplexität dieses Prozesses begründet sich durch die Kombination von Säkularisierung und religiöser Ausschweifung (Pierucci, 2002).

Schließlich gab es sieben Bücher, die als (10) *Bestandsaufnahme soziologischer Werke* eingestuft wurden. Mit anderen Worten: In der gesamten zweiten Dekade analysierten Wissenschaftler zuvor veröffentlichte Bücher.

Notes

1. Mit diesem Anfangsbetrag sollte ein produktiver Vermögenswert geschaffen werden, der es der FAPESP ermöglichen sollte, eigene Gewinne zu erwirtschaften.
2. Ihm wurde die Abführung von 0,5 % der gesamten Steuereinnahmen des Staats garantiert. Im Jahr 1989 wurde dieser Anteil auf 1 % erhöht.
3. Der Bundesstaat São Paulo hat 45 Millionen Einwohner und erwirtschaftet 32 % des brasilianischen Bruttoinlandprodukts (BIP). Die FAPESP verfügt ebenfalls über Einnahmen, die aus der finanziellen Verwertung ihres beträchtlichen Vermögens stammen. Ihr Hauptziel ist die Unterstützung von Forschungsaktivitäten in Bildungseinrichtungen im Bundesstaat São Paulo, aber sie hat auch Start-ups mit Startkapital unterstützt. Zum Zeitpunkt der Erstellung dieses Buchs waren etwa 39 % der Ausgaben für die Förderung der Wissenschaft bestimmt, 8 % für die Unterstützung der Forschungsinfrastruktur und 53 % für die Unterstützung der anwendungsorientierten Forschung. Die Stabilität der Finanzierung und die Autonomie der Stiftung ermöglichen eine effiziente Verwaltung der Mittel, und dies hat eine beträchtliche Wirkung. Während in São Paulo 16 % der brasilianischen Bevölkerung leben und über 30 % der Wissenschaftler einen Doktortitel haben, ist der Bundesstaat für fast die Hälfte der in internationalen Fachzeitschriften veröffentlichten wissenschaftlichen Artikeln Brasiliens verantwortlich. Die Gründung dieser Fördereinrichtungen war für die Forschungstätigkeit Brasiliens von grundlegender Bedeutung, insbesondere für die Sozialwissenschaften, die auf weniger Finanzierungsquellen aus dem Unternehmenssektor zurückgreifen können.
4. Der Kaufkraftparität (KKP) liegt eine Matrix der Wechselkurse zwischen zwei Ländern zugrunde, die dem Verhältnis der jeweiligen Kaufkraft der Währungen entspricht.

5. In Anerkennung seiner Bedeutung für die brasilianische Soziologie wird in Brasilien an seinem Geburtsdatum, dem 22. Juli, der „Tag des Sozialwissenschaftlers" begangen. Neben vielen Schulen trägt auch die Bibliothek der Fakultät für Philosophie, Sprachen und Literatur sowie Humanwissenschaften der Universität von São Paulo, die Biblioteca Florestan Fernandes, die eine der größten Bibliotheken Lateinamerikas ist, seinen Namen.
6. So gaben Emílio Willems und Romano Barreto die Zeitschrift *Sociology* heraus; Baldus und Egon Schaden sowohl die Zeitschrift des Paulista-Museums *Acta Paulista de Enfermagem* (ab 1947) als auch die Zeitschrift *Anthropology* (ab 1953); Caio Prado Jr. (1907–1990) war Herausgeber von *Brasiliense* und Paulo Duarte von *Anhembi*.
7. Univesp (2011) „Cientistas do Brasil Fernando Henrique Cardoso". https://www.youtube.com/watch?v=tDlIFFVXEIc.
8. Obwohl Fernando Novais ein Historiker war, beeinflusste er die soziologische Forschung mit seiner Arbeit über die Krise des Kolonialsystems in Brasilien. In seiner Dissertation aus den 1970er-Jahren befasste er sich mit den Wurzeln der Ambivalenz des brasilianischen Denkens in Bezug auf die politische Praxis, d. h. mit der Diskrepanz zwischen dem Denken und seiner Anwendung.
9. Die Bücher von Guerreiro Ramos wurden sowohl auf Portugiesisch als auch auf Englisch veröffentlicht.
10. Maria Isaura organisierte zahlreiche Seminare und Workshops zur Soziologie des ländlichen Raums und gründete 1964 das Zentrum für ländliche und urbane Studien. Dieses Zentrum ist noch immer unter dem Namen Centro de Estudos Rurais e Urbanos (CERU) an der Universität von São Paulo tätig.
11. Ländliche soziale Bewegungen haben in Brasilien schon immer eine wichtige Rolle gespielt. Obwohl in der Diktatur die Bauernbünde zerschlagen wurden, tauchten die ländlichen sozialen Bewegungen in den 1980er-Jahren als einer der wichtigsten kollektiven Akteure im Prozess der Wiederherstellung der Demokratie wieder auf.
12. Damit unterschied sich der Ansatz von Maria Isaura von dem von Heleieth Saffioti, die eine Zeitgenossin mit marxistischen und strukturalistischen Tendenzen war und ebenfalls von Florestan Fernandes betreut wurde.
13. Ihr soziologischer und methodischer Ansatz blieb durch die Studien anderer wichtiger Soziologen erhalten, insbesondere durch José de Souza Martins, der noch immer Professor an der Universität von São Paulo ist. Wie Maria Isaura bricht auch José de Souza Martins mit der beschränkten und restriktiven Auffassung, dass die ländliche Soziologie nur lokalspezifische Probleme erklären kann. Er zeigt anhand von Volksstudien, wie Entwicklungen auf dem Land ihre räumliche Begrenzung überschreiten und auch in städtischen Gebieten zu finden sind.

14. Umbanda ist eine synthetische brasilianische Religion mit Elementen des Candomblé (einer afrikanischen Religion), des Katholizismus und des Spiritismus (auch bekannt als Kardecismus).

Literatur

Bastos, E. (2002). Pensamento Social da Escola Paulista. In S. Micelli (Hrsg.), *O que ler na ciência social brasileira 1970–2002*. Editora Sumaré.
Cardoso, I., & Ianni, O. (1961). *Homem e Sociedade*. Companhia Editora Nacional.
Fernandes, F. (1949). *A organização social dos Tupinambá*. Instituto Progresso Editorial.
Fernandes, F. (1952). *A função social da guerra na sociedade tupinambá*. Museu Paulista.
Fernandes, F. (1965). *A integração do negro na sociedade de classes: no limiar de uma nova era* (Bd. 2). Dominus/Edusp.
Fernandes, F. (1977). *A sociologia no Brasil. Contribuição para o estudo de sua formação e de- senvolvimento*. Vozes.
Fernandes, F. (1978 [1958]). *Fundamentos Empíricos da Explicação Sociológica*. LTC.
Fernandes, F. (1980). In T. A. Queiroz (Hrsg.), *Fundamentos empíricos da explicação sociológica* (4a. Aufl.).
Freitag, B. (2005). Florestan Fernandes: revisitado. *Estudos Avançados, 19*(55), 231–243.
Garcia, S. G. (2002). *Destino Ímpar: Sobre a Formação de Florestan Fernandes*. Editora 34.
Goertzel, T. G. (2002). *Fernando Henrique Cardoso e a Reconstrução da Democracia no Brasil* (Translated from: Fernando Henrique Cardoso: Reinventing Democracy in Brazil). Saraiva.
Guimarães, A. S. (2002). Classes Sociais. In S. Miceli (Hrsg.), *O que Ler nas Ciências Sociais Brasileiras (1970–1995)* (Bd. II). Sumaré.
Guimarães, A. S. (2008). Prefácio [Foreword]. In F. Fernandes (Hrsg.), *A integração do negro na sociedade de classes* (5a. Aufl., Bd. 1). Editora Globo.
Ianni, O. (1996). A Sociologia de Florestan Fernandes. *Revista Estudos Avançados, 10*, 25–33.
Ianni, O. (2004). *Pensamento Social no Brasil*. EDUSC.
Jackson, L. C. (2007). Tensões e Disputas na Sociologia Paulista (1940–1970). *Revista Brasileira de Ciências Sociais, 22*(65), 33–49.
Liedke Filho, E. D. (1977). *Teoria Social e método na escola da USP (1954–1962)*. Dissertação, Instituto de Ciências Humanas da Universidade de Brasília.
Liedke Filho, E. D. (July/December 2005). A Sociologia no Brasil: história, teorias e desafios. *Sociologias, 4*, 376–437.

Motta, L. E. (2000). O ISEB no banco dos réus. *Comum, Rio de Janeiro*, 5(15), 119–145.

Pierson, D. (1942). *Negroes in Brazil: A study of race contact at Bahia*. Chicago University Press.

Pierucci, A. F. (2002). Sociologia da Religião: Área impuramente acadêmica. In S. Miceli (Hrsg.), *O que Ler nas Ciências Sociais Brasileiras (1970–1995)* (Bd. 2). Sumaré.

Ramos, G. (1954). *Cartilha de aprendiz de sociólogo: por uma sociologia nacional*. Estúdio de Artes Gráficas C. Mendes Júnior.

Ramos, G. (1958). *A redução sociológica*. Editora UFRJ.

Ramos, G. (1989). *A nova ciência das organizações: uma reconceituação da riqueza das nações*. FGV.

Villas Bôas, G. (2007). *A Vocação das Ciências Sociais no Brasil: um estudo da sua produção em livros no acervo da Biblioteca Nacional 1945–1966*. Fundação Biblioteca Nacional.

KAPITEL 5

1964–1985: Diktatur und Gefährdung der Sozialwissenschaften

Zusammenfassung Durch den Militärputsch von 1964 entstand eine Diktatur, die mehr als 20 Jahre andauerte und die die Interessen der Sozialwissenschaften und ihre Studiengänge völlig veränderte. 1968 legten die Professoren und Studenten der Universitäten dem Kongress einen Entwurf zur Reform des Lehrstuhlsystems vor. Mit dem rasch zusammengeschusterten Entwurf wurde ein Gesetz außer Kraft gesetzt, das die Schaffung neuer Fachbereiche und Fakultätsstrukturen und allen Professoren eine lebenslange Anstellung garantierte. 1968 nahm die Gewalt in der Diktatur weiter zu, und es kam zu massenhaften Entlassungen von Soziologen und Professoren. Diese mussten neue Wege finden, um die Sozialwissenschaften am Laufen zu halten. Brasilianische und ausländische Geldgeber garantierten die Gründung unabhängiger Forschungsinstitute und individuelle Stipendien. Andere Soziologen im Exil führten außerhalb des Landes Studien zu lateinamerikanischen Themen durch.

Dieser Zeitraum wurde maßgeblich von politischen Ereignissen geprägt, die sich im Weiteren unmittelbar auf das Studium der Sozialwissenschaften im Land auswirkten. Der kommunistische Mythos, der in Brasilien in den 1930er-Jahren mit den *Intentona Comunista*[1] aufkam, gewann während des Kalten Kriegs immer mehr an Bedeutung. In den 1960er-Jahren, nach der kubanischen Revolution, versuchten die Vereinigten Staaten zu verhindern, dass ein weiteres Land in eine ähnliche Revolution stürzte, und unterstützten in hohem Ausmaß einen Umschwung des politischen Flügels. Dieser imperialistische Einfluss wurde von den dominierenden konservativen Klassen in Brasilien durchaus wahrgenommen. Eine gewisse politische Instabilität bestand bereits 1961, als João Goulart zum Präsidenten gewählt wurde. Ein Zeichen dafür war die Suspendierung einiger Bundesabgeordneter, z. B. des Soziologen Guerreiro Ramos, der damals im Kongress saß.

Anfang 1964 kapitulierte der Präsident João Goulart unter dem amerikanischen Druck, einen Militärputsch zu unterstützen, der die Entsendung eines Marineeinsatzkommandos in brasilianische Gewässer beinhaltete (später bekannt als „Operation Sam"). Der Staatsstreich war erfolgreich, das Militär übernahm die Macht und errichtete eine angeblich vorübergehende Diktatur, die zwei Jahrzehnte andauern sollte. In den ersten fünf Jahren duldete die Diktatur noch einen aktiven Kongress und eine relativ unabhängige Justiz; die Pressezensur war moderat und der allgemeine Anschein von Normalität wurde aufrechterhalten. 1968 war allerdings das letzte Jahr, in dem noch demokratische Elemente vorhanden waren. Die Folter wurde offiziell eingeführt (und von Teilen der Wirtschaft aus Furcht vor einer kommunistischen Regierung unterstützt), die parlamentarische Opposition war schwach, und es kam immer wieder zu Entlassungen von Staatsbediensteten. Dennoch gab es in vielen Bereichen der Gesellschaft Widerstand, wobei auch die Studenten eine sehr wichtige Rolle spielten. 1968 war nicht nur ein Jahr der Veränderungen in der Welt, sondern auch in Brasilien und für die brasilianische Soziologie.

Die politische und die wirtschaftliche Situation veränderten sich völlig. Als Reaktion auf die Ereignisse von 1964 schrieb Octavio Ianni das Buch *O colapso do populismo no Brazil* (Der Zusammenbruch des Populismus in Brasilien), das 1968 veröffentlicht wurde. Er charakterisierte den Populismus als eine politische Strategie zur wirtschaftlichen Entwicklung, die auf ihr unvermeidliches Ende zusteuere. Durch den Populismus wurde tatsächlich eine Wirtschaftsentwicklung erzielt und die Verteilungspolitik gefördert. Das Modell der Importsubstitution war jedoch erschöpft, und die populistische Politik hatte ihre wirtschaftliche Grundlage verloren. Auf politischer Ebene war der Populismus an die Grenzen seiner Handlungsfähigkeit gestoßen. Die geopolitische Situation Brasiliens (Interdependenz als Ergebnis neuer internationaler Kräfteverhältnisse), die Militarisierung der Politik und die Enttäuschung der Mittelschicht (aufgrund der wahrgenommenen Diskrepanz zwischen ihren ehrgeizigen Zielen und ihren realen Möglichkeiten, diese Ziele zu erreichen) in Kombination mit den politischen und den wirtschaftlichen Faktoren besiegelten das Ende des Populismus als politische Entwicklungsstrategie. Dies waren perfekte Voraussetzungen für die Errichtung und den Fortbestand der Diktatur über 21 Jahre hinweg.

Die Reform der Universitäten, der letzte Seufzer vor dem autoritären Ansturm

Das Jahr 1968 stellte einen Wendepunkt in der Weltgeschichte dar, und in Brasilien war es nicht anders. In der akademischen Welt gab es zwei Ereignisse, die die Sozialwissenschaften in Brasilien und anderswo erschütterten: In Brasilien führten die Angst und die Unzufriedenheit mit der Diktatur zu Demonstrationen, die von Studenten und Dozenten der Universitäten angeführt wurden.

Der Lehrkörper wurde durch Veränderungen der Universitätsstruktur und der Karriereplanung massiv beeinträchtigt. Nach dem Universitätsstatut von 1931 war nur ein ordentlicher Professor auf dem Lehrstuhl (Kathedra) zugelassen. Das Lehrstuhlsystem umfasste alle zugehörigen wissenschaftlichen Mitarbeiter, die dem ordentlichen Professor unterstellt waren; dieser war für die Ausrichtung des Fachgebiets, die Einstellung und die Entlassung aller Assistenz- und außerordentlichen Professoren und die Entscheidung über die damit verbundene Forschung in seinem Fachbereich zuständig. Während der ordentliche Professor eine Position auf Lebenszeit erhielt, war die Lage für die anderen wissenschaftlichen Mitarbeiter von Unsicherheit geprägt, da sie vollständig vom Wohlwollen oder den Launen des ordentlichen Professors abhängig waren. Der zu der Zeit vorherrschende kritische Geist löste unter den Akademikern heftige Debatten und Kämpfe aus und brachte sie dazu, eine Reformbewegung an den Universitäten ins Leben zu rufen. Die ersten Anzeichen für eine solche Bewegung lassen sich auf die sozialwissenschaftlichen Akademiker der Universität von São Paulo zurückführen, die dem Status quo gegenüber eine sehr kritische Haltung einnahmen. Es kam zu zahlreichen Straßendemonstrationen, die von der Regierung nicht ignoriert werden konnten. Zwischen 1967 und 1968 initiierte die Regierung Kommissionen, Diskussionen und Arbeitsgruppen, die sich aus Akademikern und Studenten zusammensetzten und in denen es um den Reformbedarf und die Beteiligung an einem Projekt zur Reformierung der Universitätsstruktur ging. Vor 1968 war die Diktatur noch verhältnismäßig moderat ausgeprägt, sodass die Reformbewegung in einem kontrollierten Umfeld agieren und in gewisser Weise sogar wachsen konnte. Die Diktatur war für Reformen offen, solange sie nicht mit „kommunistischen" Ideen oder der Stärkung von Revolutionsführerschaften verbunden waren. Die Regierung war stark entwicklungsorientiert und wollte das Problem des Überschusses an angehenden Studenten lösen, die zu dieser Zeit kein Studium aufnehmen konnten – eine Folge des Bevölkerungswachstums, insbesondere des Städtewachstums, und des demografischen Wandels in den 1950er-Jahren.[2] Als Reaktion auf die Untersuchungen, Debatten und Arbeitsgruppen billigte der Kongress das Reformprojekt, schloss dabei jedoch einige vorgeschlagene Verbesserungen der Rechte von Studenten aus und akzeptierte nur einige Änderungen der Universitätshierarchien. Das Lehrstuhlsystem wurde abgeschafft, und alle Professoren erhielten Lebenszeitstellen. Obwohl die Hierarchie zwischen Assistenz-, außerordentlichen und ordentlichen Professoren bestehen blieb, konnten alle zugelassenen Professoren in diesem System unterschiedliche Positionen und Gehälter erreichen. An die Stelle des Lehrstuhls traten Abteilungen. Die Abteilungen wurden in Fakultäten (oder Instituten, die die Abteilungen abdeckten) organisiert, die hauptsächlich nach bestimmten Wissensgebieten unterteilt waren. Die Institute gewannen an Bedeutung und waren in der Lage, ebenso unabhängig zu werden wie die Fakultäten, indem sie Studiengänge anboten und die Forschung ausbauten. Die Kanzler der Universität gewannen an Macht und waren für die Ausarbeitung von Plänen für die Fakultäten und die Institute verantwortlich.

Unter den brasilianischen Wissenschaftlern gibt es widersprüchliche Ansichten über die Reform der Universitäten. Einerseits betrachteten einige Soziologen die Reform als eine positive politische Bewegung, die die Forschung, insbesondere die interdisziplinäre Arbeit, stärkte. Darüber hinaus erkannten sie an, dass als Ergebnis der Reform neue Studiengänge und mehr freie Plätze für Studieninteressierte zur Verfügung standen und eine Demokratisierung der öffentlichen Universitäten in Brasilien erfolgt war. Andererseits waren einige der Meinung, dass die Reform den Universitäten eine rein funktionale Rolle auferlegte und darauf abzielte, die Kosten zu senken und die Hochschulbildung zu vereinheitlichen (und eben nicht zu demokratisieren).

Die Sozialwissenschaften blieben auch nach Abschaffung der obligatorischen Einrichtung von philosophischen und naturwissenschaftlichen Fakultäten an allen Universitäten im Jahr 1961 eine wichtige Kraft an den Universitäten. Während der 1960er-Jahre machten die Studenten der Sozialwissenschaften ein Drittel aller eingeschriebenen Studenten an brasilianischen Universitäten aus. Im Gegensatz zu anderen Ländern stellten Frauen die Mehrheit der Studierenden an den philosophischen und naturwissenschaftlichen Fakultäten des Landes dar. In den 1960er-Jahren machten sie 63 % der Studierenden dieser Fakultäten aus, in den 1970er-Jahren waren es 71 % (Carlotto, 2014).

Repression, Schrecken und Säuberung in den brutalsten Jahren der Diktatur

Bis 1968 blieben die Universitäten und ihre Forschung weitgehend unangetastet; die Diktatur war mit der Verfolgung und der Bekämpfung der Arbeiterbewegung beschäftigt. In den ersten vier Jahren bestand der Hauptangriff auf die Universitäten darin, dass die Militärpolizei Ermittlungen gegen Studenten und Professoren einleitete, die angeblich an „verdächtigen Aktivitäten" beteiligt waren. Die Diktatur versuchte, jede Art von kommunistischem Gedankengut zu unterbinden, und „säuberte" vor allem die Fachbereiche der Humanwissenschaften. Im ersten Jahr der Diktatur waren viele Universitätsprofessoren von diesen Ermittlungen betroffen,[3] darunter Florestan Fernandes und sein Assistent Fernando Henrique Cardoso. Die Schließung des Obersten Instituts für Brasilianische Studien (Instituto Superior de Estudios Brasileños, ISEB), eines wichtigen staatlichen Forschungsinstituts, war ein herber Verlust für die Sozialforschung.

Mit der Zeit nahmen die Repressalien der Diktatur immer weiter zu. Im Jahr 1968 kam es parallel zur Universitätsreform im gesamten Land zu Studentenunruhen. Im Juli 1968 verhaftete die Polizei Vladmir Palmeira, den Präsidenten des Allgemeinen Studentenverbands, und die Studentenproteste verstärkten sich. Die Polizei stürmte den Campus der Universität von Brasilia und versuchte, einige Studentenführer festzunehmen. Im August wurde die Fakultät für Philosophie, Wissenschaften und Sprachen der Universität von São Paulo (Faculdade de Filosofia, Ciências e Letras da Universidade de São Paulo, FFCL-USP) von ihren Studenten besetzt, die sich weigerten, am Unterricht teilzunehmen. Die Situation eskalierte im Oktober beim Aufeinandertreffen von Studenten der FFCL-USP und denen der Universidade Presbiteriana Mackenzie, die sich in derselben Straße befand. Die Universidade Presbiteriana Mackenzie war (und ist) eine Privatuniversität, die 1870 von amerikanischen presbyterianischen Missionaren gegründet worden ist. Viele der konservativen Eliten São Paulos schickten traditionell ihre Kinder dorthin. Einige ihrer Studenten schlossen sich dem Kommando für Kommunistenjagd (Comando de Caça aos Comunistas, CCC) an. Die Studenten der FFCL-USP wurden von ihnen als Kommunisten angesehen, da an der Fakultät marxistische Ideen verbreitet wurden.[4] Die Konfrontation zwischen den Studenten dauerte eine Woche, in der auch Waffen wie Bomben, Säure und Messer eingesetzt wurden. Das Gebäude der FFCL-USP wurde teilweise zerstört, und die Fakultät wurde notgedrungen auf einen Campus der Universität von São Paulo in einem anderen Teil der Stadt verlegt. Dort wurde die Fakultät auf viele verschiedene Fakultäten und Institute verteilt: auf die Fakultät für Philosophie, Sprachen, Literatur und Humanwissenschaften, das Institut für Biologie, das Institut für Chemie, das Institut für Mathematik und Statistik sowie das Institut für Physik.

Die zivilen Konflikte und ihre diktatorische Unterdrückung endeten in dem, was „der Cop im Inneren des Coups" genannt wurde. Mit der Verabschiedung des „Ato Institucional Número Cinco", des Institutionellen Akts Nummer fünf, änderte sich die Situation im Land völlig. Die Diktatur erließ im Laufe der Jahre einige Dekrete, aber dieses fünfte war das repressivste; mit ihm wurden die letzten verbliebenen Freiheiten im Land ausgelöscht. Dies geschah im Dezember 1968, zwei Wochen nach der Verabschiedung der Universitätsreform. Das Gesetz zwang den Kongress zu einer unbestimmten „Pause", ordnete Entlassungen von Abgeordneten und Beamten an und hob das *Habeas Corpus* für politische Verbrechen auf. Die Folter wurde zu einer weitverbreiteten Routinemethode bei „Ermittlungen".

Dies hatte zur Folge, dass landesweit eine Verpflichtung zur Kontrolle der Professoren an öffentlichen Universitäten eingeführt wurde. Florestan Fernandes und Fernando Henrique Cardoso wurden „zwangspensioniert" (d. h., mit einem Berufsverbot belegt), ebenso wie andere wichtige Soziologen der Universität von São Paulo, beispielsweise Octavio Ianni, Paula Beiguelman (1926–2009) und Elza Salvatori Berquó (1928–). Im Gegensatz zu den Diktaturen in Chile und Argentinien beschloss die brasilianische Diktatur, die institutionellen Apparate zu erhalten, um den Anschein der Legalität zu wahren. Deshalb blieben die Universitäten bestehen, und dieser Umstand verdeckte die massive Unterdrückung. Nach 1968 änderte sich der Alltag an den Universitäten radikal. Die Polizei begann, auf dem Campus nach dem zu suchen, was die Diktatur als „subversive Handlungen" von Studenten und Professoren bezeichnete. Jede Art von kritischem Denken wurde als „subversiv" eingestuft. Eine weitere Organisation, die an den Universitäten eingerichtet wurde, untersuchte und bespitzelte Studenten und Professoren. Die Sonderberatungsstelle für Sicherheit und Information sammelte Daten, untersuchte Aktivitäten, verbot Demonstrationen innerhalb der Universitäten und drang sogar in Klassenräume und Büros von Professoren ein.

Dies hatte nicht nur institutionelle, sondern auch persönliche Auswirkungen. Nach seinem Ausschluss aus der FFCL-USP erlebte Florestan Fernandes eine traumatische Zeit, da seine Arbeit auf dem Höhepunkt seiner Schaffenskraft abrupt unterbrochen worden war. Mit großer Mühe beschreibt er dies in seinem Buch *A Revolução Burguesa no Brasil: Ensaio de Interpretação Sociológica*, Die bürgerliche Revolution in Brasilien: eine essayistische soziologische Interpretation, das im Jahr 1975 veröffentlicht wurde. Darin erörtert er, wie die bürgerliche Revolution an der Aufgabe scheiterte, eine von Werten wie Gleichheit und intellektueller Modernisierung geprägte Nation zu schaffen. Stattdessen akzeptierte das Bürgertum die Vorherrschaft eines unkontrollierten und autokratischen Kapitalismus und Imperialismus.

Das Überleben der Sozialwissenschaften, neue Fachbereiche und unabhängige Forschungsinstitute

Die lateinamerikanische Soziologie durchlief nach der Machtübernahme durch die Militärdiktaturen insgesamt eine Zeit der Rückentwicklung. Die brasilianische Soziologie erlebte jedoch einen bescheidenen institutionellen Ausbau der Ausbildung und der Forschung. Dieser kleine Fortschritt hing mit der Stärkung und der Ausweitung der neuen Studiengänge für Hochschulabsolventen zusammen, die nach der Universitätsreform geschaffen wurden, sowie mit der Konsolidierung neuer privater Forschungszentren wie dem Brasilianischen Zentrum für Analyse und Planung (Centro Brasileiro de Análise e Planejamento, CEBRAP), dem Zentrum für zeitgenössische Kulturstudien (Centro de Estudos de Cultura Contemporânea, CEDEC) und dem Institut für wirtschaftliche, soziale und politische Studien von São Paulo (Instituto de Estudos Econômicos, Sociais e Políticos, IDESP). Die Sozialwissenschaften widersetzten sich der Diktatur, indem sie sich angesichts des autoritären Angriffs auf das freie Denken neu erfanden. Obwohl die wichtigsten Universitäten des Landes unter der Diktatur erheblich gelitten haben (vor allem die Universität von São Paulo und die Bundesuniversität von Rio de Janeiro), hat die Entstehung neuer Postgraduiertenprogramme und unabhängiger Forschungsinstitute dazu beigetragen, die brasilianische Intelligenz und ihre geistige Schöpfung zu erhalten.

Wie Gilberto Freyre und Sérgio Buarque de Holanda feststellten, wurde in Gemeinschaften in Brasilien keine offene Aggressivität gezeigt. Unter der Diktatur herrschte ein ähnlicher Anschein von Sanftheit und Leichtigkeit. Wie bereits erwähnt, bemühte sich die brasilianische Diktatur im Gegensatz zur argentinischen und chilenischen Diktatur darum, den Anschein einer regulären Zivilregierung zu wahren. So wurden zwar einige Professoren aus den Universitäten entfernt, aber keine Universität geschlossen. Dennoch wurden viele wichtige Professoren ausgegrenzt und mussten sich andere Wege suchen. So blieben viele von ihnen in unabhängigen Forschungszentren tätig. Andere wechselten zu anderen Abteilungen, die kürzlich an privaten oder öffentlichen Universitäten gegründet wurden.

Durch die Zunahme der Studiengänge stieg auch die Zahl der Soziologen (mit einem Bachelorabschluss in Sozialwissenschaften) im Land. In den 1980er-Jahren gab es 30.000 Soziologen in Brasilien und 56 sozialwissenschaftliche Studiengänge an öffentlichen und privaten Fakultäten und Universitäten (Liedke Filho, 2005). Die Entwicklung der Zahl der sozialwissenschaftlichen Studiengänge ist der Tab. 5.1 zu entnehmen.

Zwar wurden im ganzen Land einige neue Abteilungen gegründet, andere wurden allerdings durch erzwungene Pensionierungen aufgelöst. Viele Wissenschaftler beschlossen, in Brasilien zu bleiben, andere gingen ins Exil und kamen erst Jahrzehnte später zurück. Die Gründung und die laufenden Kosten unabhängiger Forschungszentren wurde von vertriebenen Soziologen organisiert und mit ausländischen Mitteln unterstützt. In diesen neuen Zentren wurden neue Theorien und empirische

Tab. 5.1 Anzahl der grundständigen sozialwissenschaftlichen Studiengänge über die Jahrzehnte (Liedke Filho, 2005)

Dekade	*Anzahl der Kurse*
1930er	2
1950er	11
1960er	33
1970er	83

Forschungsmethoden entwickelt, bis der Prozess der Wiederherstellung der Demokratie in den späten 1980er-Jahren begann.

Nach seiner Zwangspensionierung im Jahr 1969 gründete Fernando Henrique Cardoso zusammen mit Paul Singer (1932–2008), Francisco Oliveira (1933–) sowie Francisco Weffort (1931–) das Brasilianische Zentrum für Analyse und Planung (CEBRAP). Diese Wissenschaftler konzentrierten sich auf die Erforschung des Kapitalismus, der modernen Gesellschaft und der sozialen Bewegungen in autoritären Regimen. Diese Forschung hatte nicht nur eine akademische, sondern auch eine politische Dimension, die diese Forscher zu wichtigen Akteuren im politischen Bereich werden ließ. Während der Diktatur gestaltete sich die Beziehung zwischen Wissenschaft und Politik zunächst eher zögerlich, bis Wissenschaftler begannen, ihre Ideen öffentlich darzulegen, da sie von der institutionellen Legitimität der neuen Forschungszentren profitierten. Die Sozialwissenschaften erlangten in der Öffentlichkeit einen größeren Stellenwert, und der Status von Intellektuellen als Marxisten war in der bürgerlichen Gesellschaft kein Thema mehr oder zumindest nicht mehr so wichtig. In der Tat haben brasilianische Soziologen von Anfang an für sich die Rolle beansprucht, nicht nur die Wissenschaft weiterzuentwickeln, sondern auch den sozialen Wandel voranzutreiben. In Brasilien gab es immer eine starke Verbindung zwischen dem „Betreiben von Wissenschaft" und der „Gestaltung von Geschichte". Fünf Jahre nach der Entstehung des CEBRAP gründeten einige seiner Forscher als Gegengewicht das Zentrum für zeitgenössische Kulturstudien (CEDEC). Hierüber kamen Forscher, insbesondere Weffort und seine Gruppe, in Kontakt mit sozialen Bewegungen und anderen neuen politischen Kräften, die in den 1980er-Jahren entstanden. Später, während des Prozesses der Wiederherstellung der Demokratie, gründete diese Gruppe die Arbeiterpartei. Im Jahr 1981 wurde das Institut für wirtschaftliche, soziale und politische Studien von São Paulo (IDESP) ebenfalls von ehemaligen CEBRAP-Forschern gegründet. Auch das IDESP wurde von der Ford Foundation finanziert und spielte eine wichtige politische Rolle bei den ersten demokratischen Kommunalwahlen während der Zeit der Wiederherstellung der Demokratie.

Ein Beispiel für Institute, die teilweise mit Privatuniversitäten verbunden waren, ist das Universitätsinstitut für Forschung von Rio de Janeiro (Instituto Universitário de Pesquisas do Rio de Janeiro, IUPERJ), das innerhalb der Fakultät für Sozialwissenschaften der Universidade Cândido Mendes entstand, um entlassenen Akademikern der staatlichen Universität eine Alternative zu bieten. Es brachte wichtige Denkanstöße zur Demokratie hervor und spielte eine Rolle beim Widerstand in Rio de Janeiro.

Förderung der brasilianischen Sozialwissenschaften, Unterstützung durch die Förderorganisationen

Die Jahre der Diktatur waren nicht nur Jahre des Angriffs auf die Soziologie, sondern auch Jahre des Widerstands und sogar des Ausbaus. Viele öffentliche Fördereinrichtungen wie die Forschungsstiftung von São Paulo (Fundação de Amparo à Pesquisa do Estado de São Paulo, FAPESP), die Koordinationsstelle für die Verbesserung des Hochschulpersonals (Coordenação de Aperfeiçoamento de Pessoal de Nível Superior, CAPES) und der Nationale Rat für wissenschaftliche und technologische Entwicklung (Conselho Nacional de Pesquisa, CNPq) führten die Finanzierung sozialwissenschaftlicher Themen fort.

Diese Einrichtungen waren für die Verflechtung der Beziehungen zwischen der Diktatur und der universitären Elite verantwortlich. Auch wenn es sich um strategische Regierungsstellen handelte, wurden sie nicht von Militärs, sondern von Akademikern geleitet. Obwohl diese Akademiker unter der Aufsicht des Nationalen Informationsdienstes (Serviço Nacional de Inteligência, SNI) standen, konnten sie ihre Position auch in schwierigen Auseinandersetzungen behaupten. Durch ihre gute Verhandlungsposition entwickelten sich diese Institutionen zu einer neutralen Kraft und einem neutralen Raum, der den entlassenen Akademikern Schutz bot. Neben der 1974 erlangten Autonomie unterhielt die CAPES auch zahlreiche lokale Zentren, die sich auf die Unterstützung von Graduiertenkursen konzentrierten. Im Bereich der Sozialwissenschaften begann das CNPq, Master- und Doktorandenstudiengänge und -kandidaten zu finanzieren. Später gewährte das CNPq nur noch Zuschüsse für biologische und ingenieurwissenschaftliche Forschung, während die Sozialwissenschaften unter der Schirmherrschaft von CAPES und FAPESP blieben.

Auch die internationalen privaten Geldgeber waren für die brasilianische Sozialwissenschaft äußerst wichtig und unterstützten sie. Viele von ihnen waren bereits vor der Diktatur in Brasilien aktiv. In der Zeit der Diktatur verstärkten sie ihre Bemühungen. Beispielsweise eröffnete die Ford Foundation ein Programm zur Finanzierung von Forschern und Nichtregierungsorganisationen (NROs), die im Bereich der Menschenrechte tätig waren. Das Menschenrechtsprogramm erhielt 10 % der von der Ford Foundation in den 40 Jahren ihrer Tätigkeit in Brasilien geleisteten Förderung. Dieses Programm war während des Prozesses zur Wiederherstellung der Demokratie in den späten 1980er-Jahren von entscheidender Bedeutung. In den meisten der geförderten Programme wurden Studien entwickelt und Forschungen zur Gewährleistung der Rechte von Ureinwohnern, Frauen und Schwarzen sowie zur allgemeinen Ausweitung der Rechte durchgeführt. Ein wichtiger Ausdruck dieser Unterstützung der Menschenrechte war die Spende der Ford Foundation für die Eröffnung des Zentrums für das Studium der Gewalt (Núcleo de Estudos da Violência, NEV) an der Universität von São Paulo. Sérgio Adorno und Sérgio Paulo Pinheiro gründeten dieses Forschungsinstitut, das eine sehr wichtige Rolle bei der Entwicklung eines der hervorstechenden Bereiche der brasilianischen Soziologie, der Soziologie der Gewalt, gespielt hat. Die Ford Foundation engagierte sich nicht nur für die interne Entwicklung der Soziologie im Land, sondern unterstützte auch die Verbreitung der brasilianischen Soziologie im Ausland. So veröffentlichte sie beispielsweise 1969 auf Englisch *The Negro in Brazilian Society* von Florestan Fernandes.

Im Gegensatz zur Soziologie in anderen Ländern, z. B. in Portugal, wie Carreira da Silva in *Sociology in Portugal: A Short History* (2015) darlegt, oder in Österreich, wie Christian Fleck in *Soziologie in Österreich seit 1945* aufzeigt, hat die brasilianische Soziologie niemals engere oder finanzielle Beziehungen zur katholischen, protestantischen oder jüdischen Kirche oder anderen religiösen Institutionen aufgebaut. Die Soziologie und ihre Intelligenz zeichnen sich seit jeher durch starkes kritisches Denken, Autonomie und engagierten Aktivismus aus. Die Kirche wiederum wurde in den folgenden Jahrzehnten zu einem ihrer meistuntersuchten Themen. Ebenso hatte die Soziologie zu dieser Zeit noch wenige Verbindungen zu Unternehmen oder brasilianischen Privatinitiativen geknüpft und blieb im Wesentlichen von staatlicher Unterstützung abhängig.

„DEPENDENZTHEORIE", EINE INTERPRETATION ZU BRASILIEN, LATEINAMERIKA UND DEM KAPITALISMUS

„Entwicklung" war insbesondere in den Ländern Lateinamerikas eines der meistdiskutierten politischen und wirtschaftlichen Konzepte zwischen den 1950er- und 1970er-Jahren. Die auf diesem Konzept basierenden Hypothesen und Theorien[5] sprachen sich für eine aktive Rolle von Staaten bei der Förderung des Wirtschaftswachstums und des sozialen Wohlstands aus. In dieser Zeit war das Streben nach Entwicklung gleichbedeutend mit dem Streben nach einem raschen Wirtschaftswachstum, und in Lateinamerika war dies in erster Linie gleichbedeutend mit Industrialisierung. Dies führte zu einem weitverbreiteten Engagement in Bezug auf Entwicklungsfragen, aber auch zu einer Wirtschaftspolitik, die fast ausschließlich auf die Entwicklung durch Industrialisierung setzte.

In Lateinamerika trugen die entwicklungspolitischen Ideen vor allem nach der Gründung der Wirtschaftskommission der Vereinten Nationen für Lateinamerika und die Karibik (Economic Commission for Latin America and the Caribbean, ECLAC, oder Comisión Económica para América Latina y el Caribe, CEPAL, wie sie auf Spanisch und Portugiesisch genannt wurde) mit Sitz in Chile Früchte. Das Hauptziel der CEPAL war die Förderung der wirtschaftlichen Zusammenarbeit zwischen ihren Mitgliedern. Die Institution existiert noch immer, hat aber in Bezug auf ihren Einfluss auf die Wirtschaftspolitik nicht mehr die gleiche Bedeutung wie noch in den 1960er- bis 1970er-Jahren, als das Modell der Importsubstitution nicht mehr die gleichen Ergebnisse brachte wie zuvor. Für die Soziologie hängt die Bedeutung dieser Institution mit ihrem wissenschaftlichen Personal zusammen, berühmten Spezialisten, die aus verschiedenen Fachbereichen und verschiedenen Ländern kamen. Die CEPAL wurde nicht nur zu einem Zentrum für Debatten über die theoretischen und historischen Aspekte der Entwicklung, sondern auch zu einem Schmelztiegel für lateinamerikanische Wissenschaftler, die die bestehende Realität auf der Grundlage wirtschaftlicher Theorien interpretierten.

Es ging um die Frage der Entwicklung, und die Forschung konzentrierte sich auf die Lösung dieses Problems. Im Gegensatz zu den konventionellen Antworten (z. B. dass diese Länder keine richtige Wirtschaftspolitik verfolgten oder dass ihre Regierungen autoritär und korrupt waren) wird in der alternativen Erklärung darauf hingewiesen, dass diese Länder die Entwicklung nicht erreichen können, weil das internationale Kapitalismussystem sie daran hindere. Es bestehe ein Ausbeutungsverhältnis, das durch die Dominanz einiger Länder gegenüber anderen gekennzeichnet sei. So entwickelten die Mitarbeiter der CEPAL in der Peripherie des Kapitalismussystems die erste systematische Sichtweise über Merkmale, Ursachen und Bedingungen, die die Länder der Peripherie daran hinderten, einen echten Aufschwung in der wirtschaftlichen Entwicklung zu erreichen. Diese systematische Sichtweise wurde als „Strukturalismus" bekannt, eine lateinamerikanische Wirtschaftstradition.

Es war kein Zufall, dass der Argentinier Raúl Prebisch, ein führender Verfechter des Strukturalismus (Prebisch, 1950), Präsident der CEPAL war. Kurz gesagt, der Strukturalismus verweist auf den Gegensatz zwischen peripheren und zentralen Wirtschaftsnationen, in denen sich ein ungleicher Nutzen aus dem technologischen Fortschritt ergeben würde. Dies sei darauf zurückzuführen, dass sich in der Zentrum-Peripherie-Beziehung die Peripherie auf die Produktion von Primärgütern spezialisiere und dadurch eine geringe Produktvielfalt und eine fehlende Infrastruktur aufweise; Ausnahmen stellten nur diejenigen Wirtschaftsgüter dar, auf die sich die Wirtschaft spezialisiert habe. Als weitere Folge sei die institutionelle Struktur weder für den technischen Fortschritt noch für die Kapitalakkumulation förderlich. Die Institutionen der Peripherienationen würden damit den Anschluss an den Fortschritt der Weltwirtschaft verlieren. Gefördert wird die Spezialisierung peripherer Wirtschaftsnationen auf bestimmte Güter durch die Beziehungen zu den zentralen Wirtschaftsnationen, die diese Güter nachfragen.

Krisen zentraler Wirtschaftsnationen wirkten sich daher unmittelbar auf die peripheren, abhängigen Wirtschaftsnationen aus, was nicht nur wirtschaftliche Schäden, sondern auch tiefgreifende politische Veränderungen und soziale Instabilität zur Folge haben kann. In Brasilien war hiervon die Kaffeeproduktion durch den Börsenkrach von 1929 und die nachfolgende Depression betroffen. Bleibt dies Beziehung unverändert, vergrößere sich die Kluft zwischen Zentrum und Peripherie. Die Formulierung der strukturalistischen Theorie stellte damit letztlich den Versuch dar, zwei Fliegen mit einer Klappe zu schlagen: Sie war eine Kritik am wirtschaftlichen, auf Herrschaft und Ausbeutung beruhenden Status quo und am alten Schema der internationalen Arbeitsteilung, das auf der Theorie der komparativen Kosten von David Ricardo basierte.

Das zweitwichtigste Mitglied der CEPAL-Mitarbeiter war der brasilianische Wirtschaftswissenschaftler Celso Furtado, einer der bedeutendsten brasilianischen Wissenschaftler des 20. Jahrhunderts. Er vertrat die zentralen Lehren dieser heterodoxen Ökonomie und konnte dazu mit einer historisch-strukturellen Analyse beitragen, seinem Meisterwerk *A Formação Econômica do Brasil* (Furtado, 1959), Das Wirtschaftswachstum Brasiliens, das er während seiner Zeit am King's College in Cambridge (UK) schrieb. Das Buch vermittelt einen Überblick über das gesamte brasilianische Staatsgebilde, die Wirtschaft, die Gesellschaft, die Regionen und die verschiedenen staatlichen und nationalen Regierungsformen sowie die politischen Regime. Seine Argumente basieren auf der Theorie des

Zentrum-Peripherie-Modells, der wirtschaftlichen Unterentwicklung und der ungleichen Verteilung von Rohstoff- und Güterproduktion im internationalen Handel. Er kritisiert zudem die These der komparativen Kosten. In gewisser Weise ist das Buch eine keynesianische Neuinterpretation der brasilianischen Geschichte. Dieser wirtschaftsgeschichtlichen Interpretation des brasilianischen Staats kommt eine besondere Bedeutung zu, die nicht nur Ökonomen und Historiker, sondern auch Politikwissenschaftler und Soziologen beeinflusst hat.

In Bezug auf den Strukturalismus fügte Furtado neben der Historisierung der Theorie die These hinzu, dass Unterentwicklung der gegenwärtigen Volkswirtschaften kein Entwicklungsstadium ist, sondern ein Produkt der weltweiten kapitalistischen Expansion in die peripheren Regionen der Welt. Darüber hinaus wird die dichotome Zentrum-Peripherie-Beziehung auch innerhalb der abhängigen Länder durch sozioökonomische Phänomene reproduziert. Er plädierte daneben für eine starke staatliche Planung, da der Markt nicht in der Lage sei, sich selbst zu regulieren. In Bezug auf diesen Punkt spielte er tatsächlich eine zentrale Rolle in der Wirtschaftspolitik des brasilianischen Staats. Die strukturalistischen Ideen hatten also nicht nur in wissenschaftlichen Kreisen einen großen Einfluss, sondern stützten auch verschiedene wirtschaftspolitische Maßnahmen, insbesondere in Brasilien und Chile.[6] Die einzige Möglichkeit zur Modernisierung der Peripherie sei die Industrialisierung, und dafür gebe es eine wirtschafts- und handelspolitische Option: die Substitution ausländischer Importe durch einheimische Produktion, die „importsubstituierende Industrialisierung". Dieses Vorgehen hat bei der Industrialisierung Brasiliens eine wichtige Rolle gespielt, aber auch einen gewissen Grad der Erschöpfung erreicht. Im wissenschaftlichen Umfeld der CEPAL wurde jedoch eine Reihe neuer Thesen formuliert, die in ihrer Gesamtheit heute als „Dependenztheorie" bekannt ist.

Die Dependenztheorie besagt, dass es verschiedene Arten von Staaten in der Welt gibt und dass sie im internationalen Staatensystem unterschiedliche Rollen spielen. Neben der Vorstellung, dass einige Wirtschaftsnationen im Zentrum und andere in der Peripherie liegen, gibt es Nationen, die sich im Zentrum der zentralen Wirtschaftsräume befinden, während andere das Zentrum der peripheren Wirtschaftsräume bilden. Folglich gibt es auch eine umgekehrte Beziehung: Im Zentrum gibt es Nationen, die an der Peripherie anderer zentraler Wirtschaftsräume liegen, und es gibt Peripherien für einige periphere Wirtschaftsräume. Zwischen diesen Nationen gibt es eine internationale Arbeitsteilung. Die zentralen Länder dominieren in den Bereichen Technologie und verarbeitender Industrie. In den Ländern an der Peripherie hingegen dominiert die Rohstoffindustrie. Es gibt eine Hierarchie, in der die weniger entwickelten Länder den Interessen der höher entwickelten Länder dienen. Innerhalb dieser Länder gibt es einen klaren Klassenunterschied, mit einer mächtigen Klasse, die wir als *Eliten* bezeichnen können. Die Eliten arbeiten international zusammen, um an der Macht zu bleiben und den Status quo aufrechtzuerhalten. Darüber hinaus existieren alle Einheiten und Beziehungen zwischen den Ländern innerhalb eines umfassenden globalen Systems, das durch den globalen Kapitalismus gekennzeichnet ist. Die liberale Wirtschaftstheorie ist für die zentralen Länder und vor allem für die Eliten dieser Länder nützlich. Die Frage, die sich aus diesem Schema ergibt, lautet: Wie können sich Staaten in einem System entwickeln, das sie daran hindern soll, sich zu entwickeln? Es gibt also eine fatalistische Interpretation des Weltkapitalismus, in der Unterentwicklung nicht als überwindbares Stadium, sondern als Standardzustand des Systems betrachtet wird.

Mit dieser wirtschaftlichen Interpretation Lateinamerikas musste sich jeder, der für die CEPAL arbeitete, im dortigen wissenschaftlichen Umfeld zwangsläufig auseinandersetzen. Dies war der Fall bei Fernando Henrique Cardoso, der nach dem Militärputsch von 1964 für die CEPAL zu arbeiten begann und in Chile lehrte. Er wurde wegen seines bemerkenswerten Buchs mit dem Titel *Empresário Industrial e Desenvolvimento Econômico no Brasil* (Cardoso, 1964) über industrielle Unternehmer und die wirtschaftliche Entwicklung Brasiliens eingeladen, für die CEPAL zu arbeiten.

Diese Forschung war in vielerlei Hinsicht bedeutsam, besonders herauszuheben ist Cardosos zukünftige Version der Dependenztheorie. Diese Theorie veranschaulicht die Methode der soziologischen Schule von São Paulo und wirft ein Licht auf die Unternehmerklasse in Brasilien. Cardoso versuchte, durch Anwendung der historisch-strukturellen Methode der soziologischen Schule in São Paulo den Prozess, der zur Bildung der Unternehmerklasse in Brasilien geführt hatte, sowie die Rolle der Klasse im Verlauf der wirtschaftlichen Entwicklung des Landes zu ermitteln. Er untersuchte die gängige linke Vorstellung zum Unternehmertum und zur Entwicklung Brasiliens. Er stellte die These auf, dass es ein Bündnis zwischen Arbeitern und Unternehmern geben müsse, um sowohl die Plantagenwirtschaft als auch die imperialistischen Kräfte zu überwinden; erst dadurch könne das Land Modernität erreichen. Die Ergebnisse seiner

Untersuchung zeigten jedoch etwas anderes: Die Unternehmer des Landes vertraten zwei unterschiedliche, aber sich nicht ausschließende Positionen. Die erste bestand darin, eine Allianz mit den internationalen Unternehmern einzugehen und die Idee zu akzeptieren, dass die Industrialisierung Brasiliens bedeutete, zum Wachstum des westlichen Wohlstands beizutragen und daran teilzuhaben, wenn auch als Juniorpartner. Der zweiten Position zufolge musste es einen starken Staat geben, der als wesentliches Instrument zur Verteidigung des nationalen Markts und der Interessen der Unternehmer diente. Dieses strukturelle Schema unterscheidet sich von der orthodoxen Formulierung der Dependenztheorie.

Grob gesagt haben sich zwei Strömungen in der Dependenztheorie entwickelt. Es gab die orthodoxe Auffassung, die auf André Gunder Frank zurückgeht (Dominguez, 1978): Die wirtschaftliche Dynamik *an sich* verursache Entwicklung oder Unterentwicklung, und der abhängige Kapitalismus führe als wirtschaftlich-soziales System zu Armut, Marginalität und Stagnation. Der Sozialismus sei der einzige Weg zur Lösung der Probleme peripherer Länder usw. Vertretern der orthodoxen Position ging es also in erster Linie darum, die den abhängigen Gesellschaften innewohnenden Mechanismen von Akkumulation und Ausbeutung zu ergründen und die Transferprozesse kapitalistischer Überschüsse in die großen Metropolen der Welt aufzudecken und zu bekämpfen. Im Gegensatz dazu waren Cardoso und sein Mitarbeiter Enzo Faletto in ihrem Buch *Dependência e Desenvolvimento na América Latina* (Cardoso & Faletto, 1967), Abhängigkeit und Entwicklung in Lateinamerika, weniger an den allgemeinen und abstrakten Determinanten des peripheren Kapitalismus interessiert. Sie konzentrierten sich darauf, konkrete und spezifische Abhängigkeitsverhältnisse zu untersuchen, deren Vielfalt in zeitlicher und räumlicher Hinsicht Folge eines komplexen Beziehungsgeflechts zwischen dem Produktionssystem, der Herrschaftsstruktur und den wirtschaftlichen Außenbeziehungen war.

In der Tat stellte es ein großes Problem dar, die Dependenztheorie als systematischen und nicht als historisch-theoretischen Rahmen aufzufassen, wenn es sich bei den „Dependenzanalysen" um Studien im theoretischen Umfeld des Marxismus handelte; dies war insbesondere für die Theorie des Imperialismus zutreffend. Das primäre marxistische Ziel bestand darin, die konkrete Realität der verschiedenen Gesellschaften in Lateinamerika zu analysieren. Die „strukturelle" Analyse der Entstehungsprozesse des kapitalistischen Systems ergibt allerdings nur dann Sinn, wenn sie sich auf die Geschichte bezieht, d. h., die konditionierenden

Strukturen als Ergebnis des Kräfteverhältnisses zwischen den sozialen Klassen betrachtet werden, die zu bewältigen sind und entstehen oder spezifisch im Funktionieren bestimmter Produktionsweisen begründet sind (Cardoso & Faletto, 1967). Eine solche Positionierung zeigt, dass Cardosos Konzeption der methodologischen und erkenntnistheoretischen Ansätze auf der Methode der Schule von São Paulo beruhte. Sie kritisierten sogar den Ansatz von Prebisch (1950) als abstrakt ökonomisch, da er den soziohistorischen Grundlagen der Beziehung zwischen Zentrum- und Peripheriewirtschaften keine Beachtung schenkte.

Nach Ansicht von Cardoso und Faletto war eine integrative Analyse erforderlich, um eine differenzierte Antwort auf das Problem der wirtschaftlichen Stagnation der lateinamerikanischen Länder und die Unzulänglichkeit ihrer politischen und sozialen Verhältnisse geben zu können. Ihr Buch war jedoch nicht nur eine Bewertung der Ideen der CEPAL, sondern sie setzten sich auch mit der linken These auseinander, dass Entwicklung nur durch eine sozialistische Revolution möglich sei. Sie wiesen die allgemeine Schlussfolgerung zurück, dass Abhängigkeit notwendigerweise wirtschaftliche Stagnation und Unterentwicklung bedeute und dass ein sozialistischer Bruch der einzig mögliche Weg für die Industrialisierung des Kontinents sei.

In *Dependência e Desenvolvimento na América Latina* betonten Cardoso und Faletto (1967), wie wichtig es sei, die vielfältigen Faktoren der strukturellen Prozesse der Abhängigkeit zu verstehen. In ihrem Buch versuchten sie aufzuzeigen, wie unterschiedliche Verbindungen zwischen Wirtschaftsnationen und dem internationalen System und gleichzeitig unterschiedliche Machtverhältnisse auf verschiedene Modalitäten der Integration in die hegemonialen Pole des Kapitalismus hinweisen. So lassen sich am Ausgangspunkt, der Periode des Primärproduktexports, zwei unterschiedliche Formen der wirtschaftlichen Organisation ausmachen: *Enklavenwirtschaften* und solche, in denen das Produktions- und Extraktionssystem unter nationaler Kontrolle standen. Die Entwicklung dieser verschiedenen Formen der wirtschaftlichen Verflechtung mit dem Weltkapitalismus unterschied sich auch in Abhängigkeit von der Klassenzusammensetzung und den Kämpfen in den verschiedenen Ländern Lateinamerikas. In den 1960er- und 1970er-Jahren hatten die lateinamerikanischen Gesellschaften ihren Binnenmarkt bereits konsolidiert, und die Internationalisierung des Kapitalismus (die Phase des Monopolkapitalismus mit der Expansion multinationaler Industrien) deutete auf ein neues Abhängigkeitsmuster hin.

In der Tat ist die von Cardoso und Faletto vertretene Theorie nicht nur eine Theorie über die Abhängigkeit zwischen dem Zentrum und der Peripherie, sondern auch eine Theorie über den Kapitalismus. Wenn man eine Theorie des Kapitalismus oder der Klassen annimmt, dann „liegt Abhängigkeit, wie wir sie charakterisieren, vor, wenn sie in die internationale Expansion eingebracht wird" (Cardoso & Faletto, 1967, S. 128). Der Begriff „Abhängigkeit" bezieht sich also speziell auf die Verbindung zwischen dem Wirtschafts- (Produktion und Konsum) und dem politischen System (Machtstruktur), sei es im Inneren oder nach außen hin. In diesem Sinne sollte „Unterentwicklung" verwendet werden, um sich auf den Grad der Differenzierung des Produktionssystems zu beziehen, „ohne die Richtlinien für die Kontrolle von Produktions- und Konsumentscheidungen zu betonen". Die Autoren behalten der „Zentrum-Peripherie-Dichotomie" die Unterscheidung von Funktionen der Wirtschaftsnationen auf dem Weltmarkt vor, ohne soziopolitische Aspekte hervorzuheben (Cardoso & Faletto, 1967, S. 27).

Tatsächlich trugen Anfang der 1980er-Jahre verschiedene politische, wirtschaftliche und wissenschaftliche Faktoren zum Bedeutungsverlust der CEPAL und dem ihrer wissenschaftlichen Publikationen und damit auch der Theorie von Cardoso bei. Mit der enormen Entwicklung der Politikwissenschaften in Brasilien in den letzten Jahrzehnten und insbesondere durch Studien und Erkenntnisse über die institutionellen und symbolischen Dimensionen der politischen Sphäre wurden die Grenzen dieser Theorie deutlich.[7] Aus unserer Sicht lieferte Cardoso eine Deutung zu Lateinamerika, eine Übung in sozialer Fantasie. Beispielsweise bemühte sich Cardoso nie darum, seine Theorie zu formalisieren oder eine Methode zur Messung der Abhängigkeit zu entwickeln. Dem neuen wissenschaftlichen Verständnis der folgenden Jahrzehnte nach würden Haltungen wie seine als unwissenschaftlich gelten. Obwohl sein Ansatz für das Phänomen der „Internationalisierung des Binnenmarkts" zutreffend war, verfügten er und seine Generation nicht über die konzeptionellen Mittel, um die Gegebenheiten präzise zu beschreiben. Er befasste sich mit den Anfängen dessen, was wir heute *Globalisierung* nennen. Nachfolgend erhielt er von der Ford Foundation die Mittel für seine Stiftung CEBRAP. Das CEBRAP, das während der Diktatur eine Schlüsselrolle spielte, hatte mehrere Forscher aufgenommen, die vom Militärregime inhaftiert oder verfolgt wurden. Im CEBRAP verlagerten sich Cardosos Forschungsschwerpunkte und -themen von Studien über Abhängigkeit und Entwicklung zu Studien über Autoritarismus und Demokratisierung, und er strebte auf dieser Basis eine politische Karriere an, die für ihn ab dem Ende der 1970er-Jahre im Vordergrund stand.

Zusammenfassend kann seine Theorie als eine Erweiterung der Bemühungen um das Verständnis zur Entwicklung Brasiliens und der brasilianischen Lebenswelt aufgefasst werden, wobei er weitgehend die historisch-strukturelle Methode anwendete, um dieses Problem zu lösen. In gewisser Weise hat sich Cardoso mit seinen Untersuchungen zur Abhängigkeit und Entwicklung erneut gegen nationale Mythen gestellt, die das Vorstellungsbild Brasiliens prägten. Der erste Teil bestand aus Florestans Angriff auf die „Rassendemokratie", an dem auch Cardoso beteiligt war. Der zweite Teil war jedoch ein Angriff auf eine andere alte These, nämlich die von Brasiliens „agrarischer Berufung".[8] Beides waren äußerst wichtige Beiträge der brasilianischen Soziologie in Brasilien, als sich diese Fachrichtung entwickelte.

Notes

1. Die kommunistischen Aufstände ab 1935 richteten sich gegen die autoritäre Regierung von Getúlio Vargas.
2. Im brasilianischen Autoritarismus gab es eine Form der kapitalistischen Entwicklung, die weder die breite Bevölkerung noch die soziale Entwicklung einschloss, sondern ausschließlich auf die wirtschaftliche Entwicklung ausgerichtet war.
3. Die militärpolizeiliche Untersuchung umfasste eine Reihe von Ermittlungen zu einem mutmaßlichen Militärverbrechen und dessen Urheberschaft. Sie hatte den Charakter einer vorläufigen Verfügung, um Anhaltspunkte für die Einleitung eines Strafverfahrens zu liefern.
4. In den 1960er-Jahren organisierten einige Wissenschaftler, vor allem Soziologen, eine Reihe von Seminaren unter dem Titel „Das Kapital", in denen sie sich mit der marxistischen Tradition auseinandersetzten.
5. Siehe z. B. Albert Hirschman, *The Strategy of Economic Development* (1958), und William Arthur Lewis, *The Theory of Economic Growth* (1955), als Verfechter von Entwicklungsideen, die lateinamerikanische Forscher beeinflusst haben.
6. In Bezug auf Brasilien trug die CEPAL zusammen mit der ISEB und – trotz ihrer programmatischen Unterschiede – der Kommunistischen Partei Brasiliens (Partido Comunista Brasileiro, PCB) dazu bei, die nationale Entwicklungsbewegung zu formen und zu verbreiten.

7. Siehe hierzu z. B. die Einschätzung des Soziologen Brasilio Sallum Jr. über das Buch von Cardoso und Faletto: „Auch wenn die Politik im Mittelpunkt von Abhängigkeit und Entwicklung steht, wird sie recht eng ausgelegt [...] die Regeln und politisch-institutionellen Brüche, die die Beteiligung der verschiedenen sozialen Segmente am politischen Kampf prägen, werden in dem Buch kaum erwähnt [...] die Analyse der symbolischen Formen, die jedes Bündnissystem ‚zusammenschweißen' oder sogar den Kampf der kollektiven Akteure leiten, ist sehr unzureichend und unsystematisch. Diese symbolischen Formen werden nur vereinzelt dargelegt [...]" (Sallum, 2002, S. 85).
8. Wie es Oliveira Viana vor den 1930er-Jahren ausdrückte.

Literatur

Cardoso, F. H. (1964). *Empresário Industrial e Desenvolvimento Econômico no Brasil*. DIFEL.

Cardoso, F. H., & Faletto, E. (1967). *Dependência e Desenvolvimento na América Latina: Ensaio de Interpretação Sociológica*. LTC.

Carlotto, M. C. (2014). *Universitas semper reformanda?: a história da universidade de São Paulo e o discurso da gestão à luz da estrutura social*. Tese de Doutorado, Faculdade de Filosofia, Letras e Ciências Humanas, Universidade de São Paulo.

Dominguez, J. (1978). Consensus and divergence: The state of literature on Inter-American relations in the 1970s. *Latin American Research Review, 13*(1), 87–126.

Furtado, C. (1959). *Formação Econômica do Brasil*. Fundo de Cultura.

Liedke Filho, E. D. (July/December 2005). A Sociologia no Brasil: história, teorias e desafios. *Sociologias, 4*, 376–437.

Prebisch, R. (1950). *The economic development of Latin America and its principal problems*. United Nations.

Sallum, B., Jr. (2002). Notas sobre o surgimento da Sociologia Política em São Paulo. *Política & Sociedade, Florianópolis, 1*(1), 73–86.

KAPITEL 6

1985 bis 2000er-Jahre: Wiederaufbau der Soziologie in der neuen Demokratie

Zusammenfassung Nachdem die brasilianischen Sozialwissenschaften zwei Jahrzehnte lang unter Druck standen, begannen sie, neue Entwicklungswege zu beschreiten. Dazu gehört vor allem ein langer gesetzgeberischer Streit um die Wiederaufnahme der Soziologie in die Lehrpläne der Schulen, die während der Diktatur unkritisch und konservativ geworden war. In Bezug auf den akademischen Bereich eröffneten sich für die Soziologie neue Arbeitsfelder und -themen, die nichts mit dem autoritären Regime zu tun hatten. Die Vielfalt der neuen Themen führten in der Tat eine Neuausrichtung der Fachdisziplin. In diesem Kapitel werden die soziologischen Themen, die in den 1980er- und 1990er-Jahren erforscht wurden, im Hinblick auf ihre theoretischen Bezüge und ihre Inhalte verglichen.

Da es kein Systems der Übergangsjustiz gab, war der Prozess der Wiederherstellung der Demokratie von Schlichtungsverfahren zugunsten des Militärs geprägt. Dies galt auch für die herrschenden Klassen, die das autoritäre Regime unterstützt und von der Repression profitiert hatten. Die „Verbrüderung" zwischen gegnerischen Gruppen tauchte damit ein weiteres Mal auf und erinnert an die milde und „süße" Anpassung zwischen den gegnerischen Seiten während der historischen Herrschaft, bei der die Starken die Schwachen stillschweigend unterdrückt hatten. In Brasilien wurde eine „allgemeine, weitreichende und uneingeschränkte Amnestie" erlassen, die sowohl die Folterer als auch die Gefolterten unter dieselben Gesetze stellte.

Nach dem Ende der Diktatur erlebte die brasilianische Soziologie durch ihre Bemühungen, sich mit der neuen sozialen Realität auseinanderzusetzen, erneut einen radikalen Wandel. Diese neue Phase führte auch zum Aufbau einer neuen professionellen wissenschaftlichen Identität. Die Sozialwissenschaft hatte während der Diktatur Wege gefunden, sich zu schützen, und die politische „Neugestaltung" wirkte sich auch auf den Fachbereich aus. In den 1990er-Jahren, nach der Militärdiktatur und nach dem Ende der Sowjetunion, war die brasilianische Soziologie nicht darauf vorbereitet, die Globalisierungs- und Privatisierungsprozesse zu erfassen. Der vorherrschende Marxismus der 1970er-Jahre schien nicht mehr der richtige Weg zu sein, um zeitgenössische Themen zu verstehen und zu behandeln.

Einerseits diversifizierten sich die Forschungsgegenstände der Soziologie in den frühen 1990er-Jahren, und es gab viel mehr Studien, die über die brasilianische Realität hinausgingen. Andererseits verlagerte sich der Schwerpunkt der Forschung auf unmittelbare soziale Probleme. Die kritische und engagierte Haltung blieb weiterhin bestehen, und das Ringen um die Wiederaufnahme der Soziologie in die Lehrpläne der Schulen stand im Fokus vieler brasilianischer Soziologen. Dieser Konflikt wurde erst in den 2000er-Jahren beigelegt.

In den 1990er-Jahren verschlechterte sich der institutionelle Bereich des öffentlichen Hochschulwesens aufgrund mangelnder Ressourcen sowie systematischer Versuche, die Arbeitsgesetzgebung und die Rentengesetze zu ändern. Im ganzen Land gab es außerdem eine Vielzahl kleiner privater Hochschulen und Universitäten mit unzureichender Forschungs- und Ausbildungsqualität. Diese kleinen Einrichtungen konnten jedoch einen Teil des Überschusses an promovierten Sozialwissenschaftlern aufnehmen. Die durch die neuen Gesetze ausgelösten Frühpensionierungen förderten auch die Abwanderung hochqualifizierten Personals von öffentlichen Universitäten zu privaten Hochschulen. Die Eröffnung neuer sozialwissenschaftlicher Studiengänge folgte zwar auf die Gründung neuer privater Hochschulen und Universitäten, aber die geringe finanzielle Vergütung nach Abschluss eines sozialwissenschaftlichen Studiums schreckte potenzielle Neueinsteiger ab. Dennoch stieg die Anerkennung von „Soziologen" als Berufsgruppe unter Nichtfachleuten, nach der Wahl des Soziologen Fernando Henrique Cardoso[1] zum Präsidenten des Landes, ein Amt, das er zwischen 1994 und 2002 innehatte.

Soziologie in der Früherziehung, der Kampf um die Wiedereinführung der Soziologie in der Schule

Die Soziologie ist eng mit Grund- und weiterführenden Schulen verbunden. Wie wir gesehen haben, wurde die Soziologie zunächst in die Grundausbildung und dann in viele andere grundständige Studiengänge aufgenommen, bevor es schließlich ein Soziologiestudium gab. Der Soziologieunterricht in der Schule war Teil eines Modernisierungsprojekts in den 1920er- und 1930er-Jahren. Während der Diktatur von Getúlio Vargas (1937–1945) wurde die Soziologie jedoch durch ein Gesetz von 1942 aus den Lehrplänen der Schulen gestrichen. Auf dem ersten Kongress der brasilianischen soziologischen Vereinigung im Jahr 1954 hielt Florestan Fernandes eine Rede mit dem Titel „Der Soziologieunterricht in der brasilianischen Sekundarschule", in der er die Bedeutung der Wiederaufnahme der Soziologie in den Lehrplan betonte. Da die Erziehungswissenschaften an der gleichen Fakultät wie die Sozialwissenschaften in São Paulo untergebracht waren (Philosophie, Wissenschaften und Sprachen – Faculdade de Filosofia, Ciências e Letras, FFCL), gab es zwischen den beiden Fachbereichen stets enge Verbindungen und einen regen Austausch. Nach Auflösung der FFCL im Jahr 1968 und Gründung der voneinander unabhängigen neuen Fakultäten für Erziehungswissenschaften sowie Philosophie, Sprachen und Humanwissenschaften an der Universität São Paulo wurde an der Fakultät für Erziehungswissenschaften ein zusätzlicher Studiengang für Soziologen, die in der Schule unterrichten wollten, eingerichtet und so der Erwerb einer Licenciatura (ein staatlicher Hochschulabschluss in Lateinamerika, vergleichbar mit dem deutschen Diplom) ermöglicht. In den 1980er-Jahren wurde die Licenciatura in Erziehungswissenschaften für alle Sozialwissenschaftler in ganz Brasilien obligatorisch.

Während der Militärdiktatur (1964–1985) wurde die Soziologie erneut aus dem Lehrplan gestrichen. Die Soziologie wurde von autoritären Regimen stets als bedrohliche Disziplin angesehen, da sie das kritische Denken der Schüler fördert. Im Jahr 1982 begann der lange Streit um die Wiederaufnahme der Soziologie in den Lehrplan. In jenem Jahr wurde ein Gesetz erlassen, das Änderungen der Lehrpläne erlaubte, sodass Soziologie 1983 in einigen Schulen des Bundesstaats São Paulo, 1987 in Brasília und 1989 im Bundesstaat Rio de Janeiro unterrichtet wurde. Zu diesem Zeitpunkt hatten etwa 25 % der Gymnasien Soziologie als Unterrichtsfach. Das Gesetz verpflichtete jedoch nicht zum Soziologieunterricht. Im Jahr 1996 wurde im neuen nationalen Gesetz über Grundlagen und Richtlinien des Bildungswesens festgelegt, dass jeder Schüler die Oberschule mit fundierten Kenntnissen in Philosophie und Soziologie verlassen soll, um seine Rechte als Bürger besser wahrnehmen zu können. Das Gesetz machte Soziologie jedoch nicht zur Pflicht. Dies bedeutete, dass von 1996 bis 2008 Soziologie in Schulen nur fächerübergreifend unterrichtet wurde.

Nach dem Ende der Diktatur begann eine organisierte Gruppe von Soziologen, Druck auf den Kongress auszuüben, der ein Gesetz verabschieden sollte, das der Soziologie wieder einen eigenständigen Platz in den Lehrplänen der Schulen einräumte. Im Jahr 2001 erlitt diese Gruppe einen herben Rückschlag, als der Präsident sein Veto gegen das Gesetz einlegte, obwohl es sich bei dem damaligen Präsidenten, Fernando Henrique Cardoso, um einen der bekanntesten Soziologen des Landes handelte. Noch im Jahr 2001 wurde die Soziologie als ideologische Disziplin angesehen und behandelt, die in der Lage war, die gesellschaftliche Realität zu verändern, indem sie das kritische Bewusstsein der Studenten weckte. Mit der Einsetzung eines neuen Präsidenten im Jahr 2002 und der Machtübernahme durch die Arbeiterpartei erhoffte man sich große Fortschritte bei der formalen Einbindung der Soziologie in den Lehrplan der Schulen. In der nationalen Lehrplanausrichtung von 2006 heißt es, dass Soziologie für die Förderung der Reflexion über die Entnaturalisierung und die Infragestellung der sozialen Wirklichkeit von elementarer Bedeutung sei. Im selben Jahr erklärte der Nationale Bildungsrat, dass Soziologie und Philosophie als eigenständige Fächer in Schulen, die sich dafür entscheiden, eingeführt werden können. Im Jahr 2008 schließlich wurde Soziologie in allen öffentlichen und privaten weiterführenden Schulen Brasiliens zur Pflicht.

Zehn Jahre später, im Jahr 2018, wurde der Soziologieunterricht in der Schule erneut vom politischen Umfeld beeinflusst. Nach einem parlamentarischen Staatsstreich im Jahr 2015 begann Brasilien über Änderungen des nationalen Lehrplans zu diskutieren. Gruppen mit gegensätzlichen Interessen kämpften um die Beibehaltung bzw. die Streichung von Soziologie und Philosophie aus dem Lehrplan. Das künftige unsichere politische Klima wird sich vermutlich auf den Stellenwert der Soziologie in der Grundbildung in Brasilien auswirken. Eine kurze Zusammenfassung der Änderungen der Lehrpläne in Bezug auf Soziologie und der Anzahl der sozialwissenschaftlichen Studiengänge findet sich in Tab. 6.1.

Tab. 6.1 Änderungen in den Lehrplänen der Schulen

Jahr	Gesetz oder Reform	Was geschah
1891	Reform von Benjamin Constant (981/1891)	Das Projekt sah Soziologie als Pflichtfach an Gymnasien und Hochschulen vor, wurde aber nie umgesetzt.
1924	Reform von Rocha Vaz (16.782/1924)	Soziologie wird in der Grund- und weiterführenden Schule angeboten.
1931	Reform von Francisco Campos (21.241/1931)	Soziologie wird in Schulen zur Vorbereitung auf das Hochschulstudium angeboten
1942	Capanema-Reform	Die Soziologie wird aus dem Lehrplan der Schulen gestrichen und je nach Studiengang zu einem Wahlfach im Grundstudium.
1961	Nationales Gesetz über Grundlagen und Richtlinien für das Bildungswesen	Die Schulen können die Einführung von Wahlfächern in ihren Lehrplänen, einschließlich Soziologie, eigenständig bestimmen.
1980	Reform der höheren Schulen	Ende der Professionalisierung des Gymnasiums und Eröffnung der Möglichkeit, andere Disziplinen in den Lehrplan des Gymnasiums aufzunehmen.
1984	Gesetz über den Beruf des Soziologen (89.531/1984)	Alle Soziologen, die Lehrer werden wollen, müssen eine Licenciatura in Pädagogik (gleichbedeutend mit einem Nebenfach) erwerben.
1996	Neues Nationales Gesetz über Grundlagen und Richtlinien für das Bildungswesen (9394/1996)	Empfiehlt soziologische Kenntnisse, macht die Soziologie aber nicht zu einem Pflichtfach.
2001	Veto gegen das Projekt, Soziologie in die weiterführende Schule aufzunehmen	Der Präsident legt sein Veto gegen das Projekt ein, durch das Soziologie zum Pflichtfach in der weiterführenden Schule hätte werden sollen.
2008	Gesetz zur Verpflichtung des Unterrichts in Philosophie und Soziologie an Gymnasien	Soziologie wurde in allen öffentlichen und privaten weiterführenden Schulen obligatorisches Fach.

Neue Wege, neue Themen und Ansätze

In den späten 1990er-Jahren kam es in der brasilianischen Soziologie nicht nur zu einer Verschiebung der Themen, sondern auch zu einer Verschiebung des Ansatzes. Makrostrukturelle Studien, die sich stark auf das wirtschaftliche, politische und kulturelle Modell der Militärdiktatur konzentrierten, wurden zugunsten einer Mikroanalyse einzelner und gemeinschaftlicher Akteure aufgegeben. Während des Prozesses der Demokratiewiederherstellung ging es zunächst um die Aktivitäten der sozialen Bewegungen, die diesen politischen und historischen Wandel vorantrieben. Im Laufe der Jahre wandte sich das Interesse in der neuen Demokratie neuen sozialen Identitäten, städtischen Bewegungen und „Minderheitenbewegungen" (Umwelt-, feministische, Schwarzen- und LGBT-Bewegung) zu, die wuchsen und ihre Rechte einforderten. Es fand eine Verlagerung vom Objektivismus zum Subjektivismus statt. Diese Konzentration auf Diskurse, Repräsentanten und den psychologisierten Akteur führte die Soziologie weg von Ökonomie und Politik hin zu Anthropologie und Psychologie.

Diese neuen Ansätze gingen einher mit dem Ringen um eine angemessene theoretisch-methodische Auseinandersetzung und der Formulierung makrosoziologischer Hypothesen. Diesem Wandel folgte unweigerlich eine Veränderung beim Verfassen von Publikationen. Es erschienen mehr ethnografische Beiträge, die Raum für die Diskurse der Akteure boten. Dieser Bedeutungs- und Gestaltungswandel folgte dem Trend der weltweiten Verbreitung poststrukturalistischer Ideen.

Der Fokus auf Einzelakteure warf jedoch auch in vielen anderen Studienbereichen, z. B. in der Bildungssoziologie, schwirige Fragen auf. Zu Themen wie dem brasilianischen Bildungswesen, in dem zutiefst ungleiche Bedingungen herrschten, wurde ein stärkerer Makroansatz gefordert. Die breite Akzeptanz des Werks von Pierre Bourdieu in Brasilien ist zu einem großen Teil als Reaktion auf diese postmoderne und poststrukturalistische Welle aufzufassen.

Im nächsten Kapitel wird ein Überblick über den Fachbereich im letzten Jahrzehnt auf der Grundlage der von der Koordinationsstelle für die Verbesserung des Hochschulpersonals (CAPES) zur Verfügung gestellten Daten dargelegt. Die Beschreibung der Daten sowie die Methodik werden dort erläutert. An dieser Stelle wollen wir den Anteil der verschiedenen Themen[2] von Master- und Doktorarbeiten in den 1980er- und 1990er-Jahren als Näherungswert für die Größe dieser Teilbereiche in der Soziologie heranziehen. Nach dieser Charakterisierung werden wir auf einige von ihnen näher eingehen.

Vergleicht man die 1990er- mit den 1980er-Jahren, so ist eine stärkere Konzentration der Themen im früheren Jahrzehnt festzustellen: Etwa 50 % der soziologischen Dissertationen befassten sich mit 9 thematischen Bereichen, während es in den 1990er-Jahren 11 waren. Die 9 Themenbereiche in den 1980er-Jahren waren (a) Politik, (b) Arbeit, (c) soziale Bewegungen, (d) Wirtschaft, (e) Bürokratie, Regierung und Staat, (f) Gesellschaftstheorie, (g) Ungleichheit und soziale Schichtung, (h) Stadtforschung und (i) Macht.³ Von den 1980er- bis zu den 1990er-Jahren nahm der Anteil aller dieser Themenbereiche mit Ausnahme der folgenden beiden ab: Politik (8,4 % in den 1980er-Jahren; 8,3 % in den 1990er-Jahren) und Wirtschaft (5,1 % in den 1980er- und 1990er-Jahren). Die Zahl der Studien zu Macht sowie Bürokratie, Regierung und Staat ging deutlich zurück, die erste um die Hälfte, die zweite sank auf 60 %. Auch die Zahl der Studien über soziale Bewegungen nahm im Laufe der Jahrzehnte ab, von 7,5 % in den 1980er-Jahren auf 5,1 % in den 1990er-Jahren und schließlich auf 3,8 % in den 2000er-Jahren.

In den 1990er-Jahren waren die 11 thematischen Bereiche, die 50 % der soziologischen Dissertationen ausmachten, folgende: (a) Politik, (b) Arbeit, (c) soziale Bewegungen, (d) Wirtschaft, (e) Körper, Geschlecht und Sexualität, (f) Bildung, (g) Sozialtheorie, (h) Religion, (i) Ungleichheit und soziale Schichtung, (j) Stadtforschung und (k) Kultur. Es ist zu erkennen, dass sich die soziologische Agenda in Brasilien in den 1990er-Jahren verändert hat. Die ersten vier Plätze blieben unverändert. Dies kann als Ausdruck der starken Politisierung innerhalb der Soziologie und der Sozialwissenschaften im Allgemeinen im letzten Jahrzehnt gewertet werden, die sich gegen die autoritäre Regierung richtete und für die Demokratie und die Zivilgesellschaft eintrat. Die Wirtschaft war in den 1990er-Jahren in Brasilien immer noch ein großes Thema, mit all den Höhen und Tiefen in der Wirtschaft (genauer gesagt, Tiefen und Höhen). Zu Beginn des Jahrzehnts durchlief das Land eine Phase starker Instabilität; es gab eine unkontrollierte Inflation, einige eigenwillige wirtschaftspolitische Maßnahmen wie das Einfrieren der Ersparnisse durch die Regierung unter Fernando Collor de Mello und schließlich die Stabilisierung der Währung durch die Regierung unter Itamar Franco, als Fernando Henrique Cardoso Finanzminister war. Man kann sagen, dass diese vier thematischen Schwerpunkte nach dem Militärputsch von 1964 an der Tagesordnung waren, allerdings in den 1990er-Jahren zunehmend von anderen abgelöst wurden. In den folgenden zwei Jahrzehnten blieb nur die Politik eines der führenden Themen.

Was fand in der Forschung zunehmend Beachtung? Themen wie Körper, Geschlecht und Sexualität, Bildung und Religion machten einen deutlich höheren Anteil als zuvor aus. Außerhalb der Hauptthemenbereiche, die die Hälfte aller Dissertationen ausmachten, lassen sich erhebliche Verschiebungen feststellen, die näher betrachtet werden müssen. In der Tat war der thematische Wechsel von den 1980er- zu den 1990er-Jahren der bedeutendste in den letzten drei Jahrzehnten. Zusammen mit der neuen demokratischen Gesellschaft Brasiliens bildete sich eine neue Agenda heraus. Der größte Zuwachs war bei Gewalt, Kriminalität und abweichendem Verhalten zu verzeichnen, die um das 7,9-Fache zunahmen. Gewalt wurde zu einem der Hauptthemen der brasilianischen Soziologie. Wir können sogar so weit gehen, zu behaupten, dass Gewalt, Kriminalität und abweichendes Verhalten (Devianz) die Themen sind, in denen die brasilianische Soziologie weltweit am weitesten fortgeschritten ist.

Auch bei Familienstudien war ein deutlicher Anstieg der Zahl der Dissertationen zu verzeichnen, und zwar um das 7,5-Fache. Technologie und Innovation ist ein weiterer Themenbereich, der stark an Interesse gewonnen hat. Allerdings ist die Forschung zu diesem Thema in den folgenden Jahrzehnten im Vergleich zu den anderen deutlich zurückgegangen. Das Gleiche geschah mit der Religion. Natürlich nahm die Zahl der Arbeiten zur Religion zu, d. h., es gab von Jahr zu Jahr mehr Arbeiten zu diesem Thema. Im Vergleich zu anderen Themen ging der Anteil jedoch zurück. Einige andere bemerkenswerte Themen, die zunehmendes Forschungsinteresse weckten, waren Jugend, Recht, Justiz und Gesetze, Lebensstil und Konsum sowie Subjektivität.

Bemerkenswert ist außerdem, dass das Interesse an sozialer und soziologischer Theorie über die Jahrzehnte hinweg relativ stabil geblieben ist. Natürlich ist die Theorie ein prestigeträchtiges Unterfangen in der Soziologie. In gewissem Sinne hat jeder in Brasilien ausgebildete Soziologe eine fundierte theoretische Ausbildung durchlaufen, die sich auf den soziologischen Kanon stützt. Wir werden dies in der Schlussbetrachtung eingehender besprechen. Zunächst wollen wir jedoch einen Blick auf drei aufkommende Themen in der Soziologie während dieser Zeit werfen: Geschlecht, Religion und Gewalt.

Die Geschlechterforschung in Brasilien begann in den 1970er-Jahren unter dem Namen „Frauenforschung". Am Ende dieses Jahrzehnts trat die Frauenbewegung in Brasilien in Erscheinung, als ihre Aktivistinnen bzw. Sympathisantinnen bereits an den Universitäten tätig waren. Die institutionelle und finanzielle Unterstützung der Ford Foundation spielte eine Schlüsselrolle bei der Legitimierung dieses Studienfachs in Brasilien. Sie investierte in die Carlos-Chagas-Stiftung in Brasilien, die aufgrund ihres guten Rufs und ihrer organisatorischen und kommunikativen Infrastruktur am besten über die in diesem Themenbereich im Land betriebene Forschung informiert war. Verglichen mit den Vereinigten Staaten sollten die feministischen Studien in Brasilien stärker in die Entwicklung der nationalen wissenschaftlichen Gemeinschaft einbezogen werden, anstatt alternative Räume zu besetzen (Heilborn & Sorj, 1999).

Obwohl die Dissertationen zu den Themen Körper, Geschlecht und Sexualität im Verhältnis zu den vielen anderen Themen in der Soziologie einen bedeutenden Anteil erreichten, waren diese Themen nach Heilborn und Sorj (1999) in den hochrangigen sozialwissenschaftlichen Zeitschriften dieses Jahrzehnts unterrepräsentiert. In der Zeitschrift *Novos Estudos CEBRAP* (Neue Studien CEBRAP) von 1975 bis 1996 lag der Anteil der Beiträge zum Thema Geschlecht im Durchschnitt bei 2,6 %, in der *Revista Brasileira de Ciências Sociais* (Der brasilianischen Zeitschrift für Sozialwissenschaften) von 1986 bis 1998 bei 3,25 % und in *Dados* (Daten) von 1975 bis 1997 bei 2,5 %. In den 1990er-Jahren wurden zwei geschlechtsspezifische Zeitschriften gegründet, 1992 *Estudos Feministas* (Feministische Studien) und 1993 *Cadernos Pagu*. Verglichen mit heutigen Daten zu Dissertationen liegen die von Heilborn und Sorj veröffentlichten Ergebnisse leicht darunter. Die Kategorie „Körper, Geschlecht und Sexualität" machte im Durchschnitt 3,5 % der Dissertationen aus. Heilborn und Sorj (1999) stellten außerdem fest, dass das Interesse an diesem Thema nicht mehr wie früher von politischen Beweggründen abhängt, da es immer mehr Abschlussarbeiten gibt, deren Autorinnen keinen Bezug zur feministischen Bewegung haben.

Die Geschlechterfrage wurde in Brasilien im Kontext mit anderen Themen untersucht, z. B. mit Arbeit, die seit den Anfängen der Soziologie ein zentrales Forschungsthema war. In diesem Zusammenhang wichtige Persönlichkeiten waren in den 1960er-Jahren sowohl Heleieth Saffioti, deren Doktorvater Florestan Fernandes war, als auch Eva Blay, deren Doktorvater Asiz Simão war; beide studierten an der Fakultät für Soziologie der Universität São Paulo. Seit den 1980er-Jahren hat die zunehmende Beschäftigung von Frauen in der Industrie soziale Veränderungen gefördert, die sich insbesondere gegen patriarchalische Vorstellungen richten. So begann man, in Untersuchungen zur Beteiligung von Frauen am Arbeitsmarkt deren Verpflichtungen einzubeziehen, die durch den Reproduktions- bzw. Familienzyklus und durch die Verantwortung für die Familie und die Betreuung der Kinder und anderer Angehöriger entstehen. Hier sind drei wichtige Autorinnen zu nennen: Alice Abreu, Bila Sorj und Cristina Bruschini.[4] Eine weitere Verbindung besteht zu den Studien über Gewalt. Wie bereits erwähnt, ist die brasilianische Gewaltforschung sehr weit fortgeschritten, und es gab einige rechtliche Neuerungen, die die Komplexität dieser Studien noch erhöht haben. Eine dieser Neuerungen bestand in der Schaffung spezialisierter Frauenberatungsstellen, deren Tätigkeit Gegenstand einer Reihe von Forschungsarbeiten war.

Die Arbeiten zur Sexualität entwickelten sich parallel zu den Geschlechterstudien unter der Bezeichnung „abweichendes Verhalten" bzw. „Devianz", die traditionell den Fragenkomplex umfasste, für den sich die Soziologie und die Stadtanthropologie interessierten, z. B. weibliche Prostitution und Homosexualität. Das Auftreten der HIV-Epidemie und die Notwendigkeit, ihre Ausprägung als einen Bereich der Sexualität zu begreifen, um gesundheitspolitische Maßnahmen formulieren zu können, haben dazu geführt, dass beträchtliche Mittel für die Finanzierung der Forschung in diesem Bereich bereitgestellt wurden.

Die Religionssoziologie in Brasilien hat in den 1990er-Jahren eine bedeutende Entwicklung durchlaufen. Religion ist sowohl in der Soziologie als auch in der Anthropologie eines der klassischen und damit gemeinsamen Themen. Während die Soziologie an Weber'schen oder marxistischen Interpretationen festhielt, ließ sich die Anthropologie von Durkheims und später von Roger Bastides Analysen inspirieren.

Montero zufolge widmete sich die Anthropologie in und über Brasilien hauptsächlich dem Studium der sogenannten Volksfrömmigkeit mit ihren Glaubensritualen, -richtungen und -praktiken, insbesondere denen der afrobrasilianischen Religionen und des „ländlichen Katholizismus", während sich in der Soziologie eine Unterteilung in Studien zum Protestantismus im Falle der Weberianer und Studien zur Beziehung der katholischen Kirche zum Staat oder zur Gesellschaft im Falle der Marxisten ausmachen lässt (Montero, 1999).

In den 1990er-Jahren lag der Schwerpunkt der religionssoziologischen Forschung noch auf katholischen Studien, gefolgt von Studien über afrobrasilianische Religionen. Es gibt eine offensichtliche Polarisierung zwischen diesen Studien, die kein Zufall ist, sondern den Einfluss beider Fachrichtungen auf das Studium der Religionen in Brasilien widerspiegelt. Es ist nicht verwunderlich, dass sich die soziologischen Analysen des Katholizismus auf die politischen Beziehungen zwischen Kirche und Staat oder Kirche und soziale Akteure konzentrierten, während sich die anthropologischen Ansätze der Analyse der Weltanschauungen zuwandten, die in Riten und bestimmten Glaubensvorstellungen zum Ausdruck kommen, und sich auf die Frage der Kultur und Identität konzentrierten (Montero, 1999).

Antônio Flávio Pierucci war einer der wichtigsten soziologischen Autoren in den 1990er-Jahren. Er argumentierte Ende des Jahrzehnts, dass Soziologen in Brasilien, die sich mit Religion beschäftigten, bei ihrer wissenschaftlichen Arbeit mit ihren konfessionellen und/oder pastoralen Interessen verbunden und wahrscheinlich auch diesen verpflichtet seien und dass es eine unerklärte und unbestrittene Abwesenheit von „epistemologischer Wachsamkeit" gebe. Die „Soziologie des rückläufigen Katholizismus" prägte die 1950er- und 1960er-Jahre; die „Soziologie der Religionen" (die protestantische, spiritistische, afroamerikanische und andere Minderheiten einschloss) dominierte ab den 1970er-Jahren. In jedem Fall verfolgte Pierucci einen eher institutionellen Ansatz und stützte sich auf die Arbeiten der bekanntesten Forschungszentren und Publikationsorgane, um die Zusammenhänge nachzuvollziehen und zu belegen.

In den 1970er- und 1980er-Jahren wurde das Phänomen der Gewalt im Zusammenhang mit den Klassensystemen und dem kapitalistischen System untersucht. Ab den 1990er-Jahren begannen Soziologen, sich mit Gewalt zu befassen und diese klarer abzugrenzen, insbesondere in Studien zur städtischen Kriminalität. Urbane Gewalt und Kriminalität waren eine Folge des rasanten, unorganisierten städtischen Wachstums während der Diktatur. Darüber hinaus gab es Studien über den Zusammenhang von Armut und Gewalt als Folge der zunehmenden sozialen Ungleichheit.

Die Hauptrichtungen der Studien zu Recht, sozialer Abweichung, Strafe und Kriminalität gingen aus Studien über Angst vor Kriminalität, soziale Ungleichheit und die Entstehung von Gewalt sowie das Strafrechtssystem hervor. Eines der umfangreichsten Studiengebiete in Brasilien ist die Konsolidierung von Methoden zu diesen Themen. Die Ansätze reichen von der Ethnografie bis hin zur Analyse des Ablaufs von Strafverfahren in der Justiz. In diesem Jahrzehnt gab es innerhalb der Soziologie wichtige Befürworter von Studien über Gewalt.

NOTES

1. Wie die letzten Kapitel zeigen, war Fernando Henrique Cardoso in den 1950er-, 1960er- und 1970er-Jahren ein bekannter Soziologe. In den 1908er-Jahren trat er in die brasilianische Politik ein, während er gleichzeitig Präsident der International Sociological Association (ISA; 1982–1986) war. Nachdem er in den frühen 1990er-Jahren Senator und Minister war, wurde er 1994 zum Präsidenten Brasiliens gewählt.
2. Da die von CAPES zur Verfügung gestellten Daten zu den Dissertationen keine Untertitel enthalten, war diese Klassifizierung nur auf der Grundlage der von den Autoren angegebenen Schlüsselwörter möglich. Sofern die Daten seit Mitte der 1980er-Jahre erhoben wurden, können wir die Repräsentativität in Bezug auf die Anzahl der Werke zu jedem Unterthema in der Soziologie insgesamt vergleichen. Sie sagt nichts über die Relevanz dieser Werke oder die Rezeption in der Öffentlichkeit aus. Ein umfassender Aufbau eines Bibliotheksnetzes brasilianischer Werke der Soziologie wäre sehr zu begrüßen.

3. Zu beachten ist, dass wir uns dazu entschieden haben, zwischen „Politik", die spezifische Themen wie Demokratie, politische Prozesse, Wahlen und Parteien umfasst, und „Bürokratie, Regierung und Staat", die bürokratische Institutionen, die Rolle der Regierung und „Macht" einschließt, zu differenzieren. Fasst man diese Kategorien zusammen, entfällt die Hälfte der in Brasilien erstellten Dissertationen auf nur 7 Themenbereiche.
4. Siehe vor allem Abreu (1986), Bruschini (1994) und Abreu und Sorj (1993).

Literatur

Abreu, A. R. d. P. (1986). *O avesso da moda. Trabalho a domicílio na indústria de confecção.* HUCITEC.

Abreu, A. R. P., & Sorj, B. (Hrsg.). (1993). *O trabalho invisível: estudos sobre trabalhadores a domicílio no Brasil.* Rio Fundo Editora.

Bruschini, C. (1994). O trabalho da mulher brasileira nas décadas recentes. In *Estudos Feministas*, CIEC/ECO/UFRJ, n. especial 1/2. scm.

Heilborn, M., & Sorj, B. (1999). Estudos de gênero no Brasil 1975–1995. In S. Miceli (Hrsg.), *O que ler na Ciência Social Brasileira* (S. 183–221). ANPOCS/CAPES. Editora Sumaré.

Montero, P. (1999). Dilemas da cultura brasileira nos estudos recentes sobre as religiões. In S. Miceli (Hrsg.), *O que ler nas ciências sociais no Brasil* (S. 327–367). ANPOCS.

KAPITEL 7

2010er-Jahre – Aktueller Stand der Entwicklung in der Soziologie: Graduiertenprogramme, akademische Karriere und Fachzeitschriften

Zusammenfassung Die 2010er-Jahre waren ein sehr erfolgreiches Jahrzehnt für die Wissenschaft. Von den Investitionen in die Hochschulbildung seit 2003, dem Ausbau der staatlichen Universitäten und der Aufstockung der Mittel haben die Geisteswissenschaften insgesamt profitiert. In diesem Kapitel werden quantitative Daten zur aktuellen Lage der Soziologie in Brasilien vorgestellt. Es beinhaltet Statistiken zu wissenschaftlichen Publikationen, Fachbereichen, Graduiertenprogrammen und Soziologen, die an den Universitäten arbeiten. Daneben vermittelt es einen historischen Überblick über die am meisten erforschten Themen in der brasilianischen Soziologie.

Nach einer langen Periode ohne neue Investitionen in das öffentliche Hochschulwesen, in dem der Großteil der wichtigen soziologischen Forschung stattfindet, wurden während der Präsidentschaft von Luiz Inácio Lula da Silva (1945–) unter dem Minister Fernando Haddad (1963–) viele neue staatliche Universitäten eröffnet. Die finanziellen Förderungen der Koordinationsstelle für die Verbesserung des Hochschulpersonals (Coordenação de Aperfeiçoamento de Pessoal de Nível Superior, CAPES) und des Nationalen Rats für wissenschaftliche und technologische Entwicklung (Conselho Nacional de Pesquisa, CNPq) stiegen, und das Programm „Wissenschaft ohne Grenzen" erleichterte den Zugang brasilianischer Forscher zu ausländischen Einrichtungen. Diese Impulse für die Wissenschaft wirkten sich auch auf den Bereich der Sozialwissenschaften aus. Seit dem Jahr 2000 wurden landesweit 37 neue Studiengänge eröffnet. In diesem neuen Umfeld fand eine Dezentralisierung der Sozialwissenschaften statt, die sich vom Südosten des Landes in andere weniger entwickelte Regionen verbreiteten.

Gemessen an der Zahl von Akademikern, Zeitschriften, Abteilungen und Dissertationen bietet die Soziologie in Brasilien ein weites Feld mit vielen verschiedenen Forschungszweigen und vielen talentierten Forschenden. Im Gegensatz zum Rückblick auf die Gründungsjahre ist es nicht mehr so einfach, besonders wichtige Wissenschaftler und Studien herauszustellen. Eine Lösung besteht darin, einen quantitativen Überblick über den aktuellen Stand in der Soziologie zu geben, in dem ihr Umfang und ihre Präsenz in Institutionen, Zeitschriften und Abteilungen im ganzen Land berücksichtigt wird. Seit 2003 sammelt CAPES Daten über die Hochschulbildung in Brasilien in den 1960er-, 1970er-, 1980er-, 1990er-, 2000er- und 2010er-Jahren. Sie beinhalten sehr genaue und vollständige Daten aus allen Wissenschaftsbereichen. Wir haben die Daten eingehend untersucht, um diejenigen herauszufiltern, die den Bereich der Soziologie betreffen. Darüber hinaus haben wir Variablen gekreuzt und neue Kategorien geschaffen, um dem Leser, der sich über die aktuelle Situation der brasilianischen Soziologie und die Veränderungen in den letzten Jahrzehnten informieren möchte, ein genaues Bild zu vermitteln.

Institutionelle Dimension

Wie bereits dargelegt, sind die Sozialwissenschaften (Soziologie, Anthropologie und Politikwissenschaften) in Brasilien eng miteinander verflochten. An vielen Universitäten arbeiten die drei Fachbereiche oft Seite an Seite. Einer der aktivsten Verbände, die Nationale Vereinigung für Sozialwissenschaften (Associação Nacional de Pós-Graduação e Pesquisa em Ciências Sociais, ANPOCS), fasst die drei Bereiche in Kongressen und Zeitschriften zusammen. Alle Studiengänge im Grundstudium sind sozialwissenschaftliche Studiengänge (eine Kombination von Soziologie, Anthropologie und Politikwissenschaften). Die Spezialisierung auf Soziologie erfolgt auf der Graduiertenebene. Derzeit gibt es etwa 84 sozialwissenschaftliche Studiengänge mit rund 16.000 Studierenden. Seit 1934, als es in Brasilien den ersten Jahrgang von Studierenden der Sozialwissenschaften gab, wurden etwa 40.000 Abschlüsse in Sozialwissenschaften abgelegt.

Auf der Graduiertenebene gibt es im Allgemeinen Master- und Doktorstudiengänge in Soziologie und Sozialwissenschaften. In den CAPES-Daten finden sich 56 Studiengänge, die das Wort „Soziologie" in ihrem Namen tragen. Darunter finden sich „Soziologie und Anthropologie", „Soziologie", „Politische Soziologie", „Soziologie und Recht" und „Sozialwissenschaften und Soziologie". Alle Graduiertenprogramme, die ausschließlich „Anthropologie" oder „Politikwissenschaften" enthalten, wurden nicht in der Tab. 7.1 berücksichtigt.

Wie bereits in diesem Buch aufgezeigt, konzentriert sich die wichtigste sozialwissenschaftliche Forschung in Brasilien auf die öffentlichen Universitäten im Südosten des Landes. Seit dem Ausbau der staatlichen Universitäten im letzten Jahrzehnt gibt es jedoch in 24 der 27 brasilianischen Bundesstaaten Studiengänge für Soziologie. Zur Erinnerung: Es gibt keinen grundständigen Studiengang in Soziologie.

Parallel zur öffentlichen Förderung stieg auch die Zahl der in Graduiertenstudiengängen eingeschriebenen Studierenden aufgrund der Einrichtung neuer Abteilungen und Studiengänge. Nach den von CAPES gesammelten Daten stieg die Zahl der Masterarbeiten in den letzten 30 Jahren um das 20-Fache im Vergleich zum Jahr 1988, die Zahl der Doktorarbeiten fast um das 19-Fache, wie Abb. 7.1 zu entnehmen ist.

PROFESSIONELLE DIMENSION

Soziologen, die einen Bachelor of Arts (B. A.) in Sozialwissenschaften in Brasilien erworben haben, können in Unternehmen, in privaten Forschungsinstituten (vor allem in den Bereichen Marketing, Konsum, öffentliche Meinung und Wahlverhalten), in öffentlichen Forschungsinstituten, im Bereich der kulturellen Bildung (Kulturzentren und Museen) und vor allem in der Regierung (auf kommunaler, Landes- oder Bundesebene) arbeiten. Das Lehramt an weiterführenden Schulen (sowohl an privaten als auch an öffentlichen Schulen) ist eine der ersten Wahlmöglichkeiten für Absolventen mit einem B. A. in Sozialwissenschaften und einer Licenciatura in Pädagogik. Für diejenigen, die einen

Tab. 7.1 Sozialwissenschaftliche Studiengänge in Brasilien (eigene Darstellung auf Basis der Daten von CAPES)

Brasilianische Bundesstaaten und ihre Region	Abschluss in Sozialwissenschaften an staatlichen Universitäten	Abschluss in Sozialwissenschaften an föderalen Universitäten	Abschluss in Sozialwissenschaften an Privatuniversitäten	Gesamt
Paraná (Süden)	5	1	0	6
Rio Grande do Sul (Süden)	0	3	2	5
Santa Catarina (Süden)	0	1	0	1
Espírito Santo (Südosten)	0	1	1	2
Minas Gerais (Südosten)	0	3	1	4
Rio de Janeiro (Südosten)	2	3	2	7
São Paulo (Südosten)	4	3	1	8
Goiás (Mitte-West)	0	1	0	1
Mato Grosso (Mitte-West)	0	1	0	1
Mato Grosso do Sul (Mitte-West)	0	1	0	1
Alagoas (Nordosten)	0	1	1	2
Bahia (Nordosten)	0	2	0	2
Ceará (Nordosten)	1	1	0	2
Maranhão (Nordosten)	0	1	0	1
Pará (Nordosten)	0	2	0	2
Paraíba (Nordosten)	0	2	0	2
Pernambuco (Nordosten)	0	2	0	2
Piauí (Nordosten)	0	1	0	1
Rio Grande do Norte (Nordosten)	1	1	0	2
Sergipe (Nordosten)	0	1	0	1
Acre (Norden)	0	0	0	0
Amapá (Norden)	0	0	0	0
Amazonas (Norden)	0	1	0	1
Rondônia (Norden)	0	0	0	0
Roraima (Norden)	0	1	0	1
Tocantins (Norden)	0	0	0	0
Distrito Federal (D. C.)	0	1	0	1
Gesamtzahl der Abschlusskurse in Sozialwissenschaften/Soziologie im gesamten Land				56

Doktortitel haben, ist das Unterrichten von Bachelor- und Masterstudierenden der naheliegendste Weg. Da die öffentlichen Einrichtungen in den meisten Wissenschaftsbereichen immer noch die besten sind, müssen sich viele promovierte Soziologen einem ausgeprägten Wettbewerb stellen, in dem Eignungsprüfungen für den öffentlichen Dienst hart um-

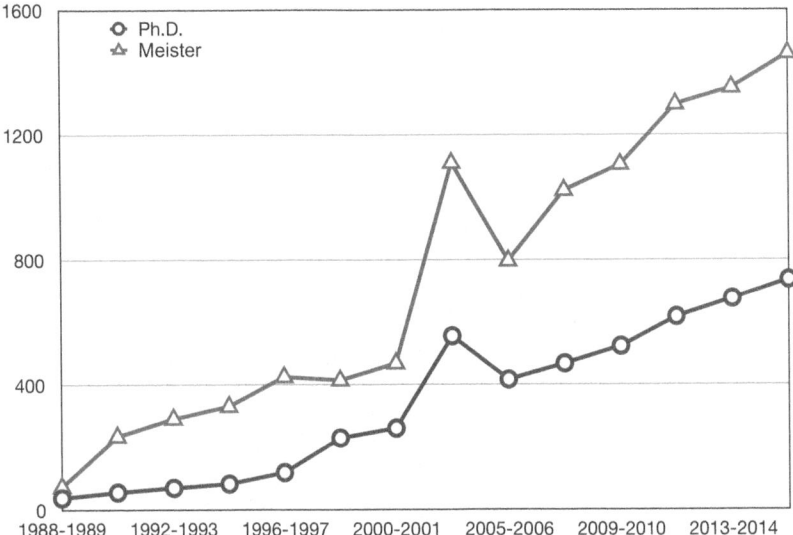

Abb. 7.1 Dissertationen und Masterarbeiten in der Soziologie zwischen 1988 und 2014 (eigene Darstellung auf Basis der Daten von CAPES)

kämpft sind. Nach der Promotion erhält der Soziologe eine Stelle auf Lebenszeit, in der er eine Karriere vom Assistenzprofessor über den außerordentlichen und ordentlichen Professor bis zum emeritierten Professor verfolgen kann. Der berufliche Aufstieg erfolgt häufig innerhalb derselben Einrichtung und bietet unterschiedliche Gehalts- und Prestigeebenen. Nach unserer Analyse der CAPES-Daten gibt es 1870 Soziologen, die im Hochschulbereich als Professoren tätig sind.

Betrachtet man die Verteilung nach Alter und Geschlecht, so sind die Geschlechter in etwa gleich verteilt. Die meisten der Professoren sind zwischen 40 und 59 Jahren alt. Bei einem Vergleich der Daten untereinander wird deutlich, dass die Geschlechter über alle Altersgruppen hinweg gleichmäßig verteilt sind (Abb. 7.2 und 7.3).

In der Regel entwickeln Soziologiewissenschaftler ihre Forschung und Lehre gleichzeitig. Die Forschung ist zumeist an öffentlichen Universitäten besser ausgebaut, obwohl sie manchmal (wenn auch im Allgemeinen in kleinem Umfang) auch an privaten Universitäten durchgeführt wird. Die Forschung kann individuell oder in Zusammenarbeit mit anderen Kollegen über universitätsinterne Forschungsinstitute er-

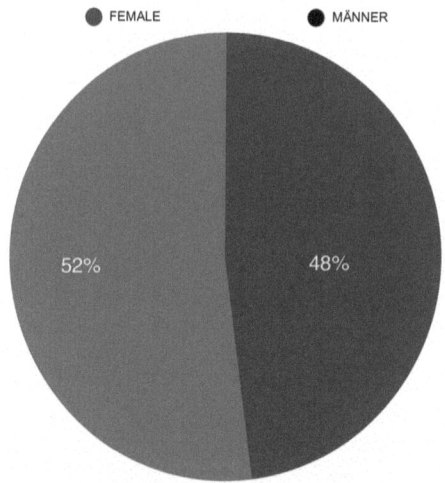

Abb. 7.2 Geschlechterverteilung der an brasilianischen Universitäten tätigen Professoren in der Soziologie (eigene Darstellung auf Basis der Daten von CAPES)

folgen. Die Forschungsgelder stammen meist von öffentlichen Stellen (entweder auf Landes- oder Bundesebene); private Förderungen finden in den Humanwissenschaften immer noch sehr selten statt. Alle zwei Jahre bewertet CAPES die Leistungen aller Abteilungen und erstellt eine Rangliste. Die Platzierung in der Rangliste hat einen großen Einfluss auf die Zuteilung von Mitteln für die einzelnen Abteilungen und Personen.

86 % der Soziologieprofessoren auf Universitätsebene erwarben ihren Doktortitel an brasilianischen Einrichtungen, während 11 % an europäischen Universitäten und 2,5 % in Nordamerika promovierten. An brasilianischen Einrichtungen haben 23 % der Professoren ihren Doktorgrad an der Universität von São Paulo und der staatlichen Universität von Campinas erlangt. Nicht alle Wissenschaftler sind Brasilianer; fast 96 % haben die brasilianische Staatsangehörigkeit, 1,3 % eine andere lateinamerikanische Staatsangehörigkeit, und 2 % sind Staatsangehörige eines europäischen Landes.

Das Fach Soziologie umfasst Lehrpläne für Grund- und Aufbaustudiengänge vieler verschiedener Fachbereiche. Das heißt, obwohl viele Soziologen, die an Hochschulen lehren, an Fachbereichen für Soziologie tätig sind (37 %), lehren und forschen viele andere in Fachbereichen

7 2010ER-JAHRE – AKTUELLER STAND DER ENTWICKLUNG IN DER ...

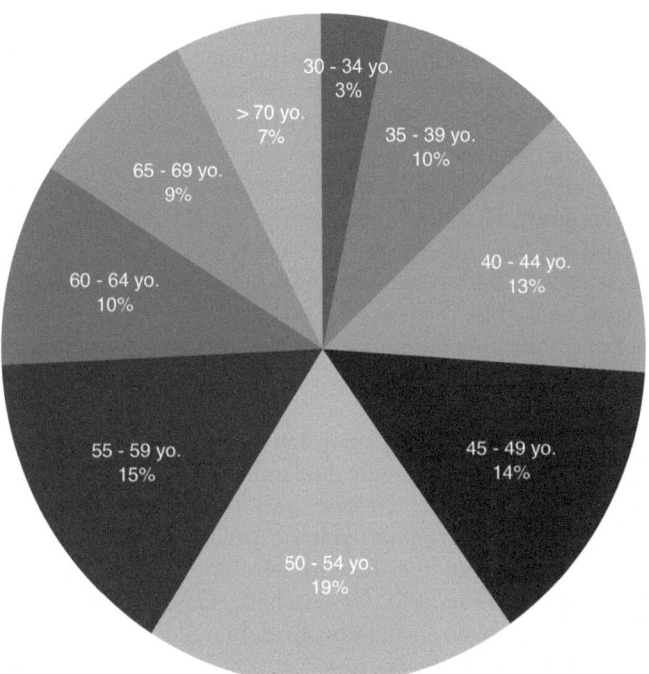

Abb. 7.3 Altersverteilung der an brasilianischen Universitäten tätigen Professoren in der Soziologie (eigene Darstellung auf Basis der Daten von CAPES)

anderer Fachrichtungen; etwa 10 % in Fachbereichen für Erziehungswissenschaften, 7 % in Fachbereichen für Politikwissenschaften und 6,7 % in Fachbereichen für Wirtschaftswissenschaften. Die übrigen verteilen sich auf viele verschiedene Fachbereiche, z. B. Ingenieurwesen, Medizin, Psychologie und Geowissenschaften.

Forschungs- und Veröffentlichungsdimension

Da die Forschung ausgesprochen komplex und vielfältig ist, gestaltet sich die Darstellung von Forschungs- und Publikationsdaten nicht ganz einfach und möglicherweise ungerecht. Aus diesem Grund haben wir drei Kriterien ausgewählt, um den Stand der brasilianischen soziologischen Veröffentlichungen möglichst umfassend darzustellen. Erstens wurden Forschungsgruppen berücksichtigt, die beim Nationalen

Rat für wissenschaftliche und technologische Entwicklung (CNPq) registriert sind. Die Forschungsgruppen sind ein offizielles institutionelles Organisationsformat der brasilianischen Wissenschaften, das dazu dient, die Bereiche und Projekte, die von Professoren und Studierenden an den Universitäten entwickelt werden, besser zu erfassen und zu organisieren. Nach Angaben der CNPq aus dem Jahr 2016 gab es in Brasilien 37.640 anerkannte Forschungsgruppen in allen wissenschaftlichen Bereichen. In der Soziologie existierten 663 Forschungsgruppen, die von 5795 Forschern gebildet wurden. Soziologische Forschungsgruppen haben zusammen 2444 verschiedene sogenannte Forschungslinien entwickelt – Forschungslinien beinhalten verschiedene Themenbereiche, an denen eine Forschungsgruppe arbeiten kann. Das bedeutet, dass jede Gruppe im Durchschnitt drei bis vier verschiedene Forschungsschwerpunkte hat. Die am häufigsten genannten Themenbereiche dieser Linien sind Wissenssoziologie, Soziologie des ländlichen Raums, Entwicklungssoziologie, Stadtsoziologie, Theorie und Geschichte der Soziologie, Gesundheitssoziologie, Arbeitssoziologie, politische Soziologie, Kultursoziologie, Bildungssoziologie, Religionssoziologie, Gewaltstudien, Umweltstudien, Demografie und Gesellschaft, Geschlechterstudien und Geschlechterbeziehungen, ethnische Beziehungen und Studien zu sozialen Bewegungen.

Ein weiterer nützlicher Ansatz, um die im Land erforschten Themen zu erfassen, ist ein Blick auf die Hauptthemen, die in Master- und Doktorarbeiten behandelt werden. Alle Dissertationen und Diplomarbeiten, die in Graduiertenstudiengängen an privaten und öffentlichen Universitäten im ganzen Land angefertigt wurden, sind in der CAPES-Datenbank verfügbar. Um einen qualitativen Überblick über die Themen zu erhalten, die in den letzten 30 Jahren in Brasilien erforscht wurden, haben wir die Schlüsselwörter aller in den Graduiertenstudiengängen für Soziologie verteidigten Arbeiten ausgewertet. Aufgrund der Vielfalt der Schlüsselwörter haben wir neue, übergreifende Kategorien geschaffen, um die große Anzahl von Schlüsselwörtern zu ordnen und eine umfassendere Übersicht zu erstellen.

Um die Themen und thematische Veränderungen erfassen und vergleichen zu können, haben wir die Daten aus den 1980er-Jahren und den 2010er-Jahren gesammelt; diese sind in Abb. 7.4 dargestellt.

Vergleicht man die beiden Jahrzehnte, so erkennt man das Aufkommen neuer Themen, die heute sehr beliebt sind, z. B. Cyberkultur und Internet, Technologie und Innovation, Gewalt, Kriminalität und soziale Ab-

7 2010ER-JAHRE – AKTUELLER STAND DER ENTWICKLUNG IN DER …

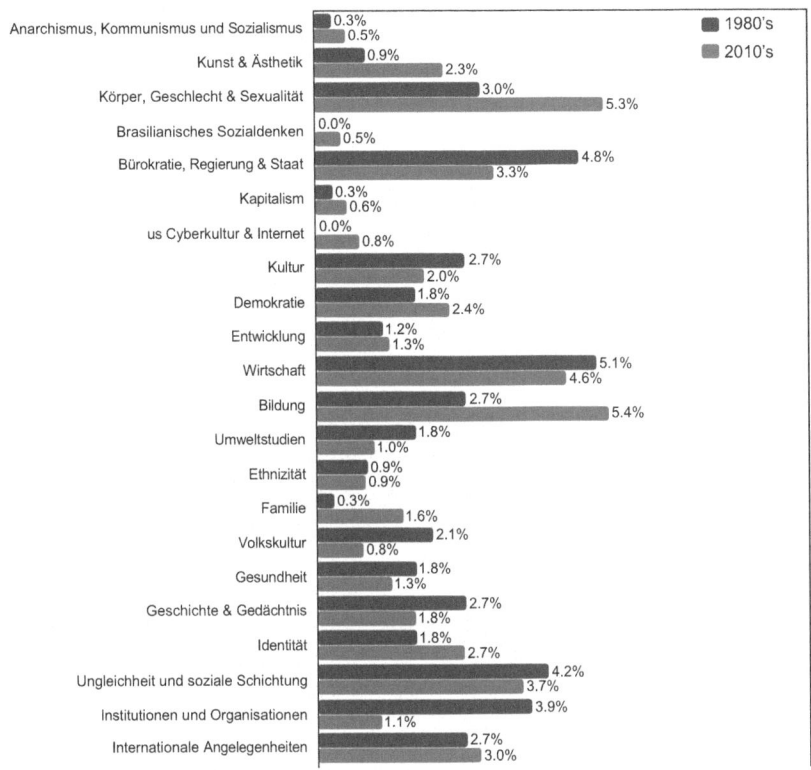

Abb. 7.4 Themen der in Brasilien erstellten Diplomarbeiten und Dissertationen im Fach Soziologie (eigene Darstellung auf Basis der Daten von CAPES)

weichung sowie öffentliche Politik. Die ersten beiden Themen spiegeln die Veränderungen in der heutigen Gesellschaft wider, die neue Probleme und Gegenstände mit sich bringen, während die letzten beiden Themen das wachsende Interesse an Brennpunktthemen in Brasilien zeigen. Der Bereich der Studien über Gewalt im Allgemeinen hat in den letzten Jahren viel Aufmerksamkeit erhalten und ist zu einem der wichtigsten Bereiche in diesem Forschungsfeld geworden. Neben sozialer Ungleichheit ist Gewalt das größte Problem in Brasilien. Soziologen im ganzen Land haben sich mit Gefängnissen, dem Justizwesen, der öffentlichen Sicherheit, der städtischen Kriminalität und anderen damit zusammenhängenden Themen befasst. Analysen und Prognosen zu diesen und anderen Themen (wie

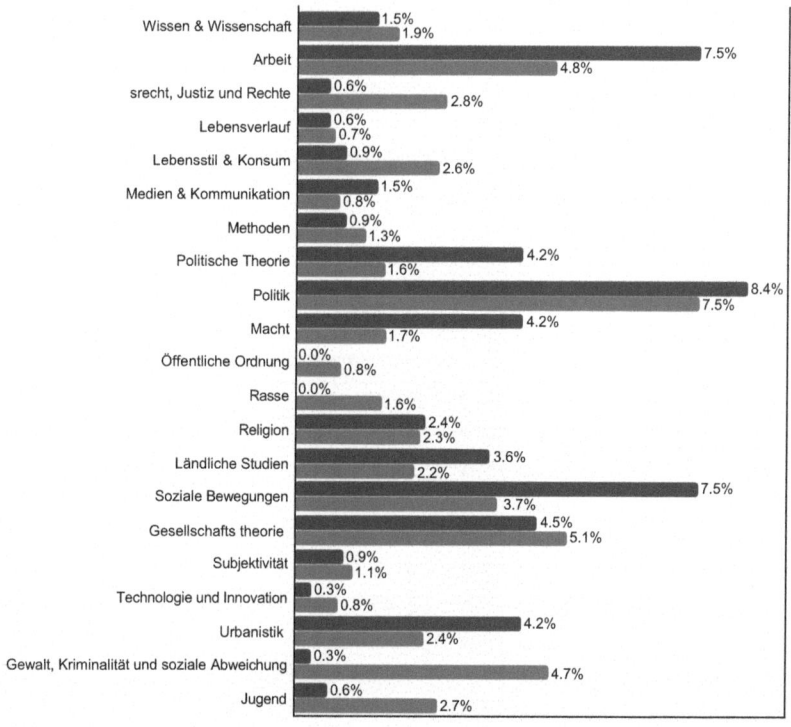

Abb. 7.4 (Fortsetzung)

Armut und soziale Ungleichheit) wurden auf Initiative der staatlichen Politik entwickelt, die während der linken Regierung (2003–2016) entstanden ist.

Es gibt weitere weltweit verbreitete, aktuelle soziologische Themen, die auch von der brasilianischen Soziologie aufgegriffen wurden. Vergleicht man die 2010er- mit den 1980er-Jahren, so ist ein erheblicher Zuwachs an Forschungsarbeiten zu Körper, Geschlecht und Sexualität sowie Lebensstil und Konsum zu verzeichnen. Andererseits haben einige führende Themen der 1980er-Jahre heute an Relevanz verloren. Wirtschaft, Regierung und Staat, Macht, soziale Bewegungen und Arbeit waren am Ende der Diktatur und während des Prozesses der Wiederherstellung der Demokratie entscheidende Themen, spielen heute aber nur noch eine untergeordnete Rolle. Wahrscheinlich hat der „friedliche" und nicht justizorientierte Prozess der Wiederherstellung der Demokratie die Häufigkeit von Themen wie Geschichte und Erinnerungen beeinflusst, die mittlerweile an Bedeutung verloren haben.

In Bezug auf Zeitschriften ist es schwieriger, Texte und Themen aufzuspüren, die ausschließlich als „soziologisch" einzustufen sind. Dies liegt daran, dass viele Zeitschriften nach Themen gegliedert sind (z. B. Lateinamerika, Urbanistik, Kommunikation). Mithilfe einiger von CAPES entwickelter Klassifizierungen ist es jedoch möglich, mehrere Zeitschriften ausfindig zu machen und ein Ranking festzulegen. Alle drei Jahre wird von CAPES eine Bewertung aller weltweit erscheinenden wissenschaftlichen Zeitschriften mit Publikationen von an Universitäten tätigen brasilianischen Soziologen veröffentlicht. Dieses Ranking hilft brasilianischen Soziologen bei der Auswahl der Zeitschrift, in der sie einen Beitrag veröffentlichen möchten. Es kann auch zur Einordnung von Lehrplänen und Publikationen der Soziologen, die sich über den öffentlichen Dienst um eine Stelle als Universitätsprofessor bewerben, herangezogen werden. Für die Zeitschriften gibt es keinen absoluten und allgemeingültigen Journal Impact Factor. Jeder Fachbereich entwickelt eine eigene Klassifizierung, bei der berücksichtigt wird, wie stark der Einfluss einer Zeitschrift für diesen Bereich sein könnte. So könnte beispielsweise eine allgemeine brasilianische Zeitschrift für internationale Angelegenheiten im Bereich der Politik besser eingestuft werden als im Bereich der Soziologie. Für das Ranking der Zeitschriften setzt CAPES Kommissionen für jeden der Bereiche ein, die diese folgenden absteigenden Stufen zuordnen: A1, A2, B1, B2, B3, B4 und C.

Um die Daten besser zu ordnen, werden alle Zeitschriften berücksichtigt, in denen hauptsächlich Artikel mit Bezug zur Soziologie veröffentlicht und die zudem von der CAPES-Kommission für Soziologie eingestuft werden. Aus Gründen der Übersichtlichkeit werden im Ranking in Tab. 7.2 nur diejenigen Zeitschriften berücksichtigt, die den höheren Stufen A1, A2, B1 und B2 zugeordnet sind. Die meisten von ihnen decken ein breites Spektrum aller soziologischen Arbeiten ab; einige von ihnen sind interdisziplinär und beinhalten „Sozialwissenschaften" in ihrem Titel; einige wenige konzentrieren sich auf spezifische Themen, und zwar Religion, Bildung, Staat, Arbeit und soziale Kontrolle.

Die meisten Zeitschriften sind an soziologische Fakultäten angeschlossen und werden nur wenig oder gar nicht finanziell unterstützt. Professoren und Doktoranden bilden den Vorstand und arbeiten intensiv daran, ein hohes wissenschaftliches Niveau zu halten. Alle der Beiträge in den aufgeführten Zeitschriften werden in portugiesischer Sprache publiziert (Tab. 7.2).

Tab. 7.2 Ranking der in Brasilien veröffentlichten sozialwissenschaftlichen Fachzeitschriften (eigene Darstellung auf Basis der Daten von CAPES)

Klassifizierung	Name der Zeitschrift
A1	*Tempo Social*
	Sociologias
	Sociologia e Antropologia
	Sociedade e Estado
	Revista Brasileira de Ciências Sociais
	Estudos Sociológicos
	Revista de Ciências Sociais Dados
	Análise Social
	Revista de Ciência Sociais Civitas
	Educação e Sociedade
A2	*Sociologia, Problemas e Práticas*
	Revista de Economia e Sociologia Rural
	Religião e Sociedade
	Opinião Pública
	Novos Estudos Cebrap
	Dilemas Revista de Estudos de Conflito e Controle Social
	Contemporânea Revista de Sociologia da UFSCAR
	Revista Ciências Sociais Unisinos
B1	*Revista Crítica de Ciências Sociais*
	Revista de Ciências Sociais da UFC
	Revista de Sociologia e Polítca
	Revista Política e Trabalho
	Revista Pós Ciências Sociais
	Revista Política e Sociedade
	Revista Raízes
	Revista de Ciências Sociais Mediações
	Revista Estudos de Sociologia
B2	*Revista Teoria e Cultura*
	Revista Sociedade e Cultura
	Revista de Ciências Sociais Século XXI
	Revista Plural
	Revista Pensamento Plural
	Revista Argumentum

Neben den Zeitschriften, Dissertationen und Diplomarbeiten werden jedes Jahr zahlreiche soziologische Arbeiten in Büchern und Kongressberichten veröffentlicht. Die Nationale Vereinigung für Sozialwissenschaften (ANPOCS) veranstaltet jährlich Kongresse, und die Brasilianische Soziologische Vereinigung (Sociedade Brasileira de Sociologia,

SBS) organisiert alle zwei Jahre Kongresse. Viele weitere regionale Kongresse finden jeden Monat statt, um die soziologische Forschung zu präsentieren. Zwischen 2013 und 2016 wurden in Brasilien etwa 4450 Bücher von Soziologen veröffentlicht, die an Universitätsinstituten tätig sind. Die Hälfte davon wurde von brasilianischen Verlagen veröffentlicht, ein Viertel davon von unabhängigen Verlagen und ein weiteres Viertel von Verlagen, die mit brasilianischen Universitäten verbunden sind. Nur 6 % dieser Bücher wurden von ausländischen Verlagen veröffentlicht, der Rest von Forschungsinstituten, Studienabteilungen und anderen Einrichtungen.

KAPITEL 8

Schlussbetrachtung

Zusammenfassung In dieser Schlussbetrachtung berücksichtigen wir vor allem drei Aspekte der Soziologie in Brasilien: ihre Beziehung zu den Sozialwissenschaften, ihren Modus Operandi sowie ihre Beziehung zum Kanon soziologischer Werke. Wir skizzieren auch die Perspektive für die Soziologie nach der Wahl eines rechtsextremen Präsidenten im Jahr 2018, mit der zwei Jahrzehnte linker und mitte-linker Politik endeten, in denen Hochschulbildung und Forschung gefördert wurden.

Als sozialwissenschaftliches Fachgebiet entwickelte sich die Soziologie in Brasilien gleichzeitig mit ihren Schwesterdisziplinen, der Anthropologie und den Politikwissenschaften. Der Austausch zwischen den Bereichen ist intensiv. Ein Zeichen dafür ist die Vorherrschaft der Nationalen Vereinigung für Sozialwissenschaften (Associação Nacional de Pós-Graduação e Pesquisa em Ciências Sociais, ANPOCS) im Vergleich zu den disziplinären nationalen Vereinigungen, z. B. der Brasilianischen Soziologischen Vereinigung (Sociedade Brasileira de Sociologia, SBS). Auch in den Studiengängen im Grundstudium werden alle drei Bereiche kombiniert, sodass Studierende, die Soziologen werden wollen, eine umfassende Ausbildung in Bezug auf sozialwissenschaftliche Theorien, Methoden und Themen erhalten. Insofern wird, unabhängig von der Spezialisierung des

© Der/die Autor(en), exklusiv lizenziert an Springer Nature Switzerland AG 2023
V. Domingos Cordeiro, H. Neri, *Soziologie in Brasilien*, https://doi.org/10.1007/978-3-031-17570-1_8

zukünftigen Forschers, eine frühe Spezialisierung abgelehnt. Die klassischen soziologischen Autoren werden sogar von der Anthropologie und den Politikwissenschaften mehr oder weniger stark berücksichtigt, was ein Faktor für den Zusammenhalt der Sozialwissenschaften in Brasilien ist.

In den ersten Jahrzehnten war die Soziologie in Brasilien ein breit aufgestellter und umfassender Fachbereich, der allgemeinere Erklärungen für soziale Probleme lieferte. Die Soziologie hatte die Aufgabe, die brasilianische Realität und ihre spezifischen nationalen Probleme abzubilden. Im Gegensatz zur weltweit verbreiteten Soziologie war die Entwicklung der brasilianischen Soziologie nicht durch das Aufkommen neuer theoretischer und methodischer Ansätze geprägt, sondern durch die sozialen, kulturellen und politischen Probleme in Brasilien. Die Wahl von Methoden und Theorien richtete sich daher oft nach ihrer Eignung für ganz konkrete Probleme.

Für europäische Leser mag die eigenwillige Kombination weberianischer, funktionalistischer und Sartre'scher Konzepte und Ansätze von bedeutenden Soziologen wie Fernando Henrique Cardoso befremdlich erscheinen, auch wenn er der soziologischen Schule von São Paulo angehörte. Florestan Fernandes, der Leiter der soziologischen Schule von São Paulo, verfolgte eigentlich das Ziel, eine soziologische Tradition nach amerikanischem oder europäischem Vorbild zu etablieren. Dies war jedoch allein auf seinen persönlichen Ehrgeiz zurückzuführen und blieb ein Einzelfall. Selbst Fernando Henrique Cardoso, der sein Schüler war, hat dieses Projekt nicht fortgeführt. Danach sollte in Brasilien keine weitere „Schule für Soziologie" mehr entstehen.

Je nach der Zeit, die das Land durchlebte, gab es unterschiedliche Forschungsschwerpunkte. In der Zeit der Gründung der Universität von São Paulo (Universidade de São Paulo, USP) und der Freien Schule für Soziologie und Politikwissenschaften (Escola de Sociologia e Política, ESP) ging es darum, das republikanische Brasilien, die Auswirkungen der Sklaverei auf das Land und die Veränderungen der nationalen Identität wissenschaftlich zu erfassen. Viele dieser Anliegen lassen sich direkt auf die soziologische Fantasie in den Werken von Gilberto Freyre, Sérgio Buarque de Holanda und anderen zurückführen. Die Fortführung dieser Pläne wurde mit dem Militärputsch von 1964 zunichte gemacht, und die Lage änderte sich buchstäblich von heute auf morgen.

Während der Diktatur mussten sich Soziologen mit Fragen der Zivilgesellschaft, der Rechte und der politischen Prozesse auseinandersetzen und neue Überlebensstrategien finden, indem sie auf alternative Institutionen auswichen oder diese schufen, um arbeiten zu können. Durch diese Bemühungen überstand die Soziologie auch die dunkelsten Stunden dieser Zeit, ohne sich selbst zu verlieren. Von diesem Zeitpunkt an nahm die Soziologie in Brasilien einen neuen kritischen Ton an. Zwar war der Soziologie eine kritische Haltung der Gesellschaft gegenüber weltweit eigen; in Brasilien fiel diese jedoch ausgesprochen scharf aus und zeigte die starke Skepsis gegenüber allem, was mit dem Status quo verbunden war. Natürlich bedeutete und bedeutet sie auch eine klare politische Positionierung. Meistens handelt es sich um eine linke Position. Im Allgemeinen sind eine solche kritische Haltung und eine solche Positionierung unter brasilianischen Sozialwissenschaftlern fast schon selbstverständlich.

Mit dem Ende der Militärdiktatur rückte eine neue Agenda in den Vordergrund und setzte sich in den 2000er-Jahren endgültig durch. Die Ausweitung der Fachbereiche im ganzen Land ermöglichte es der Soziologie, sich endlich von ihren Geschwistern, der Anthropologie und den Politikwissenschaften, zu lösen. So vielfältig die Kombinationsmöglichkeiten der Studiengänge sind, so vielgestaltig sind auch die sehr spezialisierten Graduierten- und weiteren Forschungsaktivitäten. Da brasilianische Sozialwissenschaftler relativ einfach in die benachbarten Fachbereiche wechseln können, behandelt jeder der drei Bereiche spezifische Themen. So findet man in Brasilien keine Themen wie „Ureinwohner", die gleichzeitig in Anthropologie und Soziologie erforscht werden. „Soziale Bewegungen" werden hingegen sowohl in der Soziologie als auch in den Politikwissenschaften thematisiert. Zu den heutzutage in der brasilianischen Soziologie gründlich erforschten Themen gehören Arbeit, Kultur, Religion, Gewalt, soziale Abweichung, Bildung, Identität und andere. Die brasilianische Soziologie ist sehr davon eingenommen, ihre eigene Realität zu erklären, und schenkt ihrer Internationalisierung vielleicht zu wenig Aufmerksamkeit. Es gibt noch einen weiteren Grund für die ständige Beschäftigung mit nationalen Themen: Wie wir gesehen haben, wird der größte Teil der soziologischen Forschung an öffentlichen Universitäten durchgeführt und von öffentlichen Stellen finanziert. Dies führt natürlich dazu, dass das Forschungsinteresse nutzbringend auf den öffentlichen Bereich gelenkt wird.

Neben der regen empirischen Forschung hat die brasilianische Soziologie interessanterweise immer auch eingehende theoretische Untersuchungen zum Kanon soziologischer Werke durchgeführt. Auch erkenntnistheoretische Arbeiten werden von brasilianischen Soziologen in Zusammenarbeit mit Abteilungen für Philosophie entwickelt. Die brasilianischen Soziologen haben nicht nur an soziologischen Traditionen festgehalten, sondern auch an der Klärung und theoretischen Weiterentwicklung von Kanons gearbeitet, die als geistige und wissenschaftliche Referenzen für die Schaffung einer allgemeinen abstrakten Sprache unter Intellektuellen verantwortlich sind. Dieser Prozess begann mit der Rezeption der Klassiker in Brasilien, die von ausländischen, insbesondere französischen und deutschen Professoren nach São Paulo gebracht worden sind. In den ersten Jahrzehnten hatte Karl Mannheim darauf einen großen Einfluss, der schnell in Vergessenheit geriet, außer bei denjenigen, die im Bereich der Wissenschaftssoziologie tätig wurden. Max Weber wurde unter einer parsonsianischen Perspektive eingeführt, die den starken Einfluss des Strukturfunktionalismus in den 1950er-Jahren in Brasilien widerspiegelt; dieser Ansatz verlor jedoch gegenüber stärker politisierten Ansätzen schnell an Boden. Florestan Fernandes war wiederum eine Schlüsselfigur bei der Festlegung der klassischen Aufteilung in Brasilien, wie wir sie heute kennen: Karl Marx, Max Weber und Émile Durkheim. Diese drei bilden zweifellos den Kern des brasilianischen Kanons und werden von den Studenten vom ersten Studienjahr an intensiv studiert. Unter „Kern" ist zu verstehen, dass diese Autoren und ihre Theorien zum Maßstab für alle anderen wurden, die nach ihnen kamen. So ist es z. B. selbstverständlich, dass Vergleiche zwischen ihnen und Elias, Foucault und Bourdieu gezogen werden.

Diese enge Beziehung zum Kanon erklärt das kontraintuitive Phänomen des hohen Ansehens, das die theoretische Arbeit in Brasilien genießt. Theorie wird in der brasilianischen Soziologie ernst genommen; so muss jeder bedeutende Wissenschaftler in diesem Bereich ein bewanderter und sachkundiger Theoretiker sein, der sein Fachgebiet begründen kann und weiß, wie sich seine Theorie zur allgemeinen Gesellschaftstheorie verhält. Wie wir den Daten entnehmen können, war Theorie in den letzten vier Jahrzehnten ein kontinuierlich vorhandenes Forschungsgebiet. Dieses umfasste hauptsächlich die Geschichte, die Rekonstruktion, die Klärung und die Revision von Theorien.

Bei der empirischen Arbeit geht es zumeist auch um die Konkretisierung und manchmal sogar die ausführliche Auseinandersetzung mit den Hintergründen eines Konzepts oder des untersuchten Problems. Es handelt sich also um einen elementaren Bestandteil der wissenschaftlichen Forschung in Brasilien, die derjenigen in Kontinentaleuropa ähnelt. Folglich gibt es Vorbehalte dagegen, etwas ohne vorherige Prüfung zu akzeptieren und anzuwenden. Durch diese Konzentration auf theoretische, konzeptionelle und methodologische Fragen und nicht ausschließlich auf Daten könnte man der brasilianischen Soziologie vorwerfen, „unwissenschaftlich" zu arbeiten. Der naive Realismus hat jedoch in den brasilianischen Sozialwissenschaften nie einen Platz gehabt. Die allgemeine kritische Ausrichtung der Sozialwissenschaften lässt Schlussfolgerungen eines solchen Ansatzes von vornherein nicht zu und lehnt diese als zu eng und zu trivial ab. Ein Nebeneffekt dieser erkenntnistheoretischen Positionierung besteht darin, dass das „Rad neu erfunden wird", was auch häufig geschieht. Viele Magister- oder Doktorarbeiten mit dem Titel „theoretisch" werden von Professoren und Studierenden als Übung verstanden, es handelt sich um ein Propädeutikum.

In gewisser Weise ähnelt diese theoretische Arbeit einem philosophischen Ansatz, der sich nicht von den analytischen Philosophen (die von brasilianischen Soziologen mit einer gewissen Skepsis betrachtet werden), sondern von der französisch-deutschen Kontinentalphilosophie ableitet. Vielleicht ist der hohe Stellenwert des philosophischen, intellektuellen Bemühens ein Erbe der europäischen Professoren, die in der Anfangszeit nach Brasilien kamen.

Das nächste Kapitel in der Geschichte der Soziologie in Brasilien behandelt die Aufhebung der Isolation der Disziplin dieses Landes. Dieser Prozess hat bereits mit den brasilianischen Agenturen begonnen, die entweder komplette Doktorandenprogramme im Ausland oder Doktoranden, die als Gastwissenschaftler im Ausland tätig sind, oder den Doppelabschluss (ein Abschluss, der sowohl in Brasilien als auch im Ausland gültig ist) finanzieren. Die Zahl der geförderten Studenten schwankt entsprechend dem Auf und Ab der Wirtschaft. Darüber hinaus gab es in den frühen 2010er-Jahren ein umfangreiches staatliches Programm, „Wissenschaft ohne Grenzen", das Tausenden von Studenten ein Studium im Ausland ermöglichte. Viele Studierende der Sozialwissenschaften haben davon profitiert.

Die finanzielle Unterstützung ist notwendig, um den Anschluss zu halten. Es gibt jedoch noch viel mehr zu tun. In Brasilien gibt nur wenige englischsprachige Fachzeitschriften, was den Zugang zu brasilianischen Forschungsergebnissen für Personen erschwert, die kein Portugiesisch sprechen. Natürlich sind die Anreize für die Internationalisierung nicht hoch. In Brasilien gibt es aufgrund der Größe des Landes ein großes Forschungsnetzwerk. Daher konzentrieren sich alle Bemühungen der brasilianischen Soziologen darauf, dieses Netzwerk aufrechtzuerhalten und auszubauen. Die Koordination aller Regionen auf einer nationalen Konferenz ist mit großem Aufwand verbunden, und die Teilnahme an einer solchen Konferenz erfordert weite Reisen. Auch wenn es noch Möglichkeiten für eine stärkere nationale Integration gibt, ist die Internationalisierung der nächste Schritt. Davon würde nicht nur die brasilianische Forschung profitieren, sondern aufgrund der hochwertigen soziologischen Beiträge auch die weltweite Forschungsgemeinschaft.

Die Präsidentschaftswahlen von 2018 gefährden eine mögliche vielversprechende Zukunft, die durch eine Internationalisierung der brasilianischen Soziologie garantiert wäre. Nach einer Periode des Wirtschaftswachstums während der Regierung der Arbeiterpartei (2003–2010 unter Luis Ignácio Lula da Silva und 2011–2016 unter Dilma Rousseff) stürzte das Land nach 2014 in eine wirtschaftliche Depression. Angesichts der anhaltenden Depression konnte die Bevölkerung die Wahlversprechen der Arbeiterpartei aus ihrem ersten Jahrzehnt an der Macht nicht mehr nachvollziehen: die Stabilität des Wirtschaftswachstums für die Oberschicht und die Programme zur Einkommensverteilung für die Unterschicht. Die Wirtschaftskrise missfiel der Oberschicht, und die Unterschicht konnte neben der Einkommensverteilung kein weiteres Wirtschaftswachstum erkennen. Darüber hinaus offenbarten sich Korruptionsskandale. Die Justiz war sehr voreingenommen und verfolgte in den Gerichtsverfahren nur Mitglieder der Arbeiterpartei,[1] dadurch wurden viele Korruptionsfälle der Arbeiterpartei in der breiten Bevölkerung bekannt. Die Präsidentin, Dilma Rousseff, eine ehemalige Bürokratin und unfähige Politikerin, konnte ihren Einfluss auf die Kongressabgeordneten nicht mehr geltend machen. Außerdem lehnte sie die Korruptionsregelung ab. Angesichts dieser Situation leitete der Kongress 2015 ein Amtsenthebungsverfahren gegen Präsidentin Rousseff ein, das im August 2016 mit ihrem Rücktritt endete. Das Amtsenthebungsverfahren gegen Präsidentin Rousseff gilt unter brasilianischen Akademikern als „parlamentarischer Staatsstreich", weil der Kongress sie ohne Beweise beschuldigte, den Bundeshaushalt illegal manipuliert zu haben, um das wachsende Haushaltsdefizit der Regierung zu verschleiern. Ab August 2016 regierte Vizepräsident Michel Temer, und viele seiner Entscheidungen hatten direkte Auswirkungen auf die Hochschulbildung im Land. Die wohl wichtigste Entscheidung ist die Streichung jeglicher Investitionen in die Bildung (sowohl in die Grund- als auch in die Hochschulbildung) für die nächsten 20 Jahre.

Inmitten dieser Krise traten mehrere Personen als „Retter der Nation" auf. Einige folgten einem sehr konservativen, von faschistischen Zügen geprägten Kurs, während andere einen nicht politischen und unternehmerischen Kurs einschlugen. Erstere behaupteten, dass das Land nur durch den Einsatz von Gewalt, die Ausgrenzung von Minderheiten und weitgehend liberale Lösungen zu retten sei. Letztere strebten danach, alle politischen Elemente abzubauen, indem sie die politische Sphäre als unternehmerisches Unterfangen angingen.

Das Präsidentschaftsrennen wurde von 13 Parteien bestritten, von denen die wichtigsten die folgenden waren: die Arbeiterpartei (Fernando Haddad vertrat Lula nach dessen Inhaftierung im April), die Sozialdemokratische Partei (Geraldo Alckmin, der ehemalige Gouverneur von São Paulo), die Neue Partei (João Amoêdo, ein Unternehmer), die Demokratische Partei der Arbeit (Ciro Gomes, ein ehemaliger Minister von Lula), die Partei der Nachhaltigkeit (Marina Silva, eine ehemalige Senatorin) und die Liberale Partei (Jair Bolsonaro, ein Ex-Militär und ehemaliger Kongressabgeordneter). Seit 2016 ist Jair Bolsonaro in den sozialen Medien mit seinen unglaublichen Hassreden und Vorurteilen aufgefallen. Anfangs erschien er als ein Verrückter, der seine Stimme für ein Amtsenthebungsverfahren öffentlich dem berühmtesten Militärfolterer der Diktatur, Carlos Alberto Brilhante Ustra, widmete. Während des Präsidentschaftswahlkampfs hat sich die Bevölkerung seinen Ideen angeschlossen und meinte, in ihm den Retter gefunden zu haben, der die Ordnung im Land wiederherstellen könne. Bolsonaro ist jedoch ein Ex-Militär, der in seiner Jugend aus der Armee geworfen wurde, nachdem er eine Bombe in einer Kaserne gezündet hatte. Danach war er mehr als 20 Jahre lang Kongressabgeordneter, ohne einen relevanten Beitrag zu leisten. Schlimmer noch, er gehörte einer der korruptesten Parteien Brasiliens an, der Fortschrittspartei, wie das „Program Clear Sheet" berichtet, das die Parteienkorruption untersucht.

Wie jede faschistische Figur hält auch Bolsonaro flammende Reden und vertritt radikale Positionen. Er verspricht Ordnung und Fortschritt mit einfachen Lösungen, die die Privatisierung staatlicher Unternehmen, den Ausschluss der Rechte von Minderheiten und die Bewaffnung der Bevölkerung beinhalten. Alle seine Reden stellen einen konservativen Rückschritt dar, der an das autoritäre Militärregime erinnert. Anscheinend fand ein Teil der Bevölkerung in seinen Ideen all die konservativen und gewalttätigen Verhaltensweisen wieder, die in den 30 Jahren der Wiederherstellung der Demokratie zurückgehalten worden waren. Dieses verborgene konservative und repressive Ethos zieht sich durch die gesamte brasilianische Geschichte. Der von Florestan Fernandes angeprangerte Rassenmythos, die offene Unterstützung der Diktatur durch die Oberschicht, die „freundliche" Amnestie, die die Militärs begünstigte, und die jüngste Wahl eines rechtsextremen Präsidenten – all diese historischen Prozesse zeugen von den verborgenen Kämpfen und Widersprüchen in der brasilianischen Gesellschaft.

Gleich nach seiner Wahl kündigte Bolsonaro viele Maßnahmen an, die sich verheerend auf das Bildungssystem in Brasilien auswirken werden. Ein Projekt mit dem Namen „Schule ohne Partei" hat sich erneut durchgesetzt. Hierbei handelt es sich um ein Projekt, über das im Kongress abgestimmt werden soll und mit dessen Hilfe jegliche Inhalte im Zusammenhang mit Themen wie Geschlecht und Politik aus dem Lehrplan verbannt werden können. Unmittelbar nach der Wahl forderten gewählte Abgeordnete der Partei von Jair Bolsonaro Schüler und Studenten öffentlich dazu auf, Lehrer und Professoren zu denunzieren, die im Unterricht ein politisches Thema ansprechen. Eine Woche vor den Wahlen ist die Polizei bereits in einige Universitäten eingedrungen, weil Studenten linke Äußerungen von Professoren angeprangert hatten. Die Ressourcenknappheit und die Verbannung des kritischen, freien Denkens aus den Bildungseinrichtungen werden auch den Sozialwissenschaften schweren Schaden zufügen. Der Kader der Soziologen im Land hat bereits in der Vergangenheit in einer viel schwierigeren Situation seine Stärke und Widerstandsfähigkeit bewiesen. Er hat sich inmitten des Sturms behauptet und weiterentwickelt. Dieses Mal wird es mit Sicherheit nicht anders sein. Die Soziologie wird für ein kritisches und analytisches Denken über diese Zeit stehen und dem Land helfen, die laufenden politischen, kulturellen und sozialen Prozesse zu ergründen.

Note

1. Der mit dem Verfahren betraute Richter gab geheime Beweismittel des Verfahrens preis, z. B. Tonaufnahmen des ehemaligen Präsidenten Luiz Ignacio Lula da Silva.

LITERATUR

Abreu, A. R. d. P. (1986). *O avesso da moda. Trabalho a domicílio na indústria de confecção.* HUCITEC.
Abreu, A. R. P., & Sorj, B. (Hrsg.). (1993). *O trabalho invisível: estudos sobre trabalhadores a domicílio no Brasil.* Rio Fundo Editora.
Alvarez, M. C., & Salla, F. (May 2000). Paulo Egídio e a Sociologia Criminal em São Paulo. *Revista Tempo Social, 12* (1), 101–122.
Archero Júnior, A. (1990). *Lições de Sociologia.* Edições e Publicações Brasil.
Arruda, M. A. d. N. (2009). Florestan Fernandes: vocação científica em compromisso de vida. In A. Botelho & L. Schwarcz (Hrsg.), *Um enigma chamado Brasil: 29 intérpretes e um país.* Companhia das Letras Press.
Arruda, M. A. d. N. (2010). A sociologia de Florestan Fernandes. *Tempo Social, Revista de Sociologia da USP, 22*(1), 9–27.
Azevedo, F. (1973). *Princípios de Sociologia.* Livraria Duas Cidades.
Barreto, T. d. M. (1888). *Questões vigentes de Filosofia e de direito.* Livraria Fluminense Editor.
Bastide, R. (1943). *A Poesia Afro- Brasileira.* Editora Martins.
Bastide, R. (1945a). *Imagens do nordeste místico em branco e preto.* O Cruzeiro.
Bastide, R. (1945b). *Art et société.* Éditions L'Harmattan.
Bastide, R. (1948). *Sociologie et psychanalyse.* Presses universitaires de France.
Bastide, R. (1958). Sociologie et psychanalyse. In *Negros e brancos em São Paulo.* Companhia Editora Nacional.
Bastos, E. (2002). Pensamento Social da Escola Paulista. In S. Micelli (Hrsg.), *O que ler na ciência social brasileira 1970–2002.* Editora Sumaré.

Batista, K. A. (2010, January/June). O CEBRAP nos anos setenta e a emergência de uma nova interpretação do brasil. *Perspectivas, São Paulo, 37,* 225-248.

Berlinck, M. T. (2001a). Elogio da Universidade. In M. T. Berlinck & M. C. R. Magalhães (Hrsg.), *A Escola Livre de Sociologia e Política: anos de formação (1933-1953).* Fundação Escola de Sociologia e Política.

Berlinck, M. T. (2001b). Criação da ELSP. A Escola de Sociologia. In M. T. Berlinck & M. C. R. Magalhães (Hrsg.), *A Escola Livre de Sociologia e Política: anos de formação (1933-1953).* Fundação Escola de Sociologia e Política.

Bomemy, H. (2009). Aposta no futuro: o Brasil de Darcy Ribeiro. In A. Botelho & L. Schwarcz (Hrsg.), *Um enigma chamado Brasil: 29 intérpretes e um país.* Companhia das Letras.

Brasil, A., Jr. (2012). As Ciências Sociais no Brasil: estudo realizado para a CAPES por L.A. Costa Pinto e Edison Carneiro. *Revista Sociologia & Antropologia, 02,* 269-278.

Bresser-Pereira, L. C. (1983). Seis interpretações sobre o Brasil. *Dados, Rio de Janeiro, 25*(3), 269-306.

Brooke, N., & Wytoshynsky, M. (Hrsg.). (2001). *Os 40 anos da Fundação Ford no Brasil: uma parceria para mudança social.* EDUSP.

Bruschini, C. (1994). O trabalho da mulher brasileira nas décadas recentes. In *Estudos Feministas,* CIEC/ECO/UFRJ, n. especial 1/2. scm.

Candido, A. (2001). Florestan Fernandes por Antonio Candido. In M. T. Berlinck & M. C. R. Magalhães (Hrsg.), *A Escola Livre de Sociologia e Política: anos de formação (1933-1953).* Fundação Escola de Sociologia e Política.

Candido, A. (2006). A Sociologia no Brasil. *Tempo Social, Revista de Sociologia da USP, 18*(1), 271-301.

Candido, A. (2010). *Parceiros do Rio Bonito: estudo sobre o caipira paulista e a transformação.* Editora Ouro Sobre Azul.

CAPES. *Plataforma Sucupira: classificação de periódicos quadriênio 2013-2016.* https://sucupira.capes.gov.br/sucupira/public/consultas/coleta/veiculoPublicacaoQualis/listaConsultaGeralPeriodicos.jsf

Cardoso, F. H. (1964). *Empresário Industrial e Desenvolvimento Econômico no Brasil.* DIFEL.

Cardoso, F. H., & Faletto, E. (1967). *Dependência e Desenvolvimento na América Latina: Ensaio de Interpretação Sociológica.* LTC.

Cardoso, I. (1961). *Formação e desintegração da sociedade de castas: o negro na ordem escravocrata do Rio Grande do Sul.* Ph.D thesis, Faculty of Philosophy, Languages and Literature, and Human Sciences, University of São Paulo.

Cardoso, I. (1982). *A universidade da comunhão paulista.* Cortez.

Cardoso, I. (1993). A dimensão trágica de 68. *Teoria & Debate, 22,* 59-64.

Cardoso, I., & Ianni, O. (1961). *Homem e Sociedade.* Companhia Editora Nacional.

Carlotto, M. C. (2014). *Universitas semper reformanda?: a história da universidade de São Paulo e o discurso da gestão à luz da estrutura social.* Tese de Doutorado, Faculdade de Filosofia, Letras e Ciências Humanas, Universidade de São Paulo.

Cavalcanti, M. L. V. d. C. (2001a). A contemporaneidade da tradição intellectual da Escola Livre de Sociologia e Política: a obra de Oracy Nogueira. In M. T. Berlinck & M. C. R. Magalhães (Hrsg.), *A Escola Livre de Sociologia e Política: anos de formação*.
Cavalcanti, M. L. V. d. C. (2001b). Estigma e Relações Raciais na obra pioneira de Oracy Nogueira. In M. T. Berlinck & M. C. R. Magalhães (Hrsg.), *A Escola Livre de Sociologia e Política: anos de formação (1933–1953)*. Fundação Escola de Sociologia e Política.
Celarent, B. (2017). In A. Abbott (Hrsg.), *Varieties of social imagination*. Chicago University Press.
Celeste Filho, M. (2006). *A reforma universitária e a Universidade de São Paulo: década de 1960*. Master's dissertation, Catholic University of São Paulo.
Chacon, V. (1977). *A história das ideias sociológicas no Brasil*. EDUSP.
Chauí, M. (2001). Ventos do progresso: a universidade administrada. In *Escritos sobre a universidade*. Editora UNESP.
CNPq. *Diretórios dos Grupos de Pesquisa no Brasil*. http://lattes.cnpq.br/web/dgp.
Comissão da Verdade da Universidade de São Paulo. (2018). *Faculdade de Filosofia, Letras e Ciências Humanas: IPMs e Professores Cassados* (Vol. 7).
Coser, L. (1972). Robert Ezra Park. In H. B. Javannovich (Hrsg.), *Masters of sociological thought: Ideas in historical and social thought*. Waveland.
Cunha, L. A. (1980). *A universidade temporã: o Ensino superior da Colônia à Era Vargas*. Civilização Brasileira.
da Cunha, E. (1944). *Rebellion in the backlands*. (S. Putnam, Trans.). University of Chicago Press.
de Araújo, R. B. (2009). Chuvas de verão: antagonismos em equilíbrio em Casa-Grande & Senzala de Gilberto Freire. In A. Botelho & L. Schwarcz (Hrsg.), *Um enigma chamado Brasil: 29 intérpretes e um país*. Companhia das Letras.
de Oliveira, L. L. (1955). *A Sociologia do Guerreiro*. Editora UFRJ.
de Oliveira, L. L. (1987). Donald Pierson e a Sociologia no Brasil. *BIB, 23*, 35–48.
de Vincenzi, L. J. B. (1986). A Fundação da Universidade do Distrito Federal e seu significado para a educação no Brasil. *Revista Forum, 3*, 16–60.
Dominguez, J. (1978). Consensus and divergence: The state of literature on Inter-American relations in the 1970s. *Latin American Research Review, 13*(1), 87–126.
Egidio, P. (1900). *Estudos de sociologia criminal: do conceito geral do cri-me segundo o método contemporâneo (a propósito da teoria de Émile. Durkheim)*. Casa Eclética.
Favero, M. d. L. A. (2006). A Universidade no Brasil: das origens à Reforma Universitária de 1968. *Educar, 28*, 17–36.
Fernandes, F. (1948). A análise sociológica das classes sociais. *Sociologia, 10*, 91–113.
Fernandes, F. (1949). *A organização social dos Tupinambá*. Instituto Progresso Editorial.

Fernandes, F. (1952). *A função social da guerra na sociedade tupinambá*. Museu Paulista.
Fernandes, F. (1965). *A integração do negro na sociedade de classes: no limiar de uma nova era* (Bd. 2). Dominus/Edusp.
Fernandes, F. (1977). *A sociologia no Brasil. Contribuição para o estudo de sua formação e de- senvolvimento*. Vozes.
Fernandes, F. (1978 [1958]). *Fundamentos Empíricos da Explicação Sociológica*. LTC.
Fernandes, F. (1980a). *A Sociologia no Brasil* (2. Aufl.). Vozes.
Fernandes, F. (1980b). In T. A. Queiroz (Hrsg.), *Fundamentos empíricos da explicação sociológica* (4a. Aufl.).
Fernandes, F. (2006). *A Revolução Burguesa no Brasil: ensaio de Interpretação Sociológica*. Globo.
Ferrari, A. (1958). Pesquisas e publicações nas ciências sociais sob a influência da Escola de Sociologia e Política. *Sociologia, XX*(2), 143–146.
Freitag, B. (2005). Florestan Fernandes: revisitado. *Estudos Avançados, 19*(55), 231–243.
Freyre, G. (2000). *Sobrados e Mocambos*. Graal.
Freyre, G. (2010). *Casa-Grande e Senzala*. Graal.
Furtado, C. (1959). *Formação Econômica do Brasil*. Fundo de Cultura.
Garcia, S. G. (2002). *Destino Ímpar: Sobre a Formação de Florestan Fernandes*. Editora 34.
Giannotti, J. A. (1989). CEBRAP: vinte anos depois. *Novos Estudos CEBRAP, 25*, 3–7.
Goertzel, T. G. (2002). *Fernando Henrique Cardoso e a Reconstrução da Democracia no Brasil*. Saraiva. (F. H. Cardoso, Trans.). Reinventing Democracy in Brazil.
Gomes, A. d. C. (2009). Oliveira Vianna: um statemaker na alameda São Boaventura. In A. Botelho & L. Schwarcz (Hrsg.), *Um enigma chamado Brasil: 29 intérpretes e um país*. São Paulo.
Guimarães, A. S. (2002). Classes Sociais. In S. Miceli (Hrsg.), *O que Ler nas Ciências Sociais Brasileiras (1970–1995)* (Bd. II). Sumaré.
Guimarães, A. S. (2008). Prefácio [Foreword]. In F. Fernandes (Hrsg.), *A integração do negro na sociedade de classes* (5a. Aufl., Bd. 1). Editora Globo.
Heilborn, M., & Sorj, B. (1999). Estudos de gênero no Brasil. In S. Miceli (Hrsg.), *O que ler na Ciência Social Brasileira* (S. 183–221). ANPOCS/CAPES. Editora Sumaré.
Ianni, O. (1958, July). Resenha de Sociologia, introdução ao estudo de seus princípios. *Anhembi*, 92.
Ianni, O. (1961). *O negro na sociedade de castas*. Ph.D. thesis, Faculty of Philosophy, Languages and Literature, and Human Sciences, University of São Paulo.
Ianni, O. (1968). *O Colapso do Populismo no Brasil*. Civilização Brasileira.

Ianni, O. (1996). A Sociologia de Florestan Fernandes. *Revista Estudos Avançados, 10*, 25–33.
Ianni, O. (2004). *Pensamento Social no Brasil*. EDUSC.
Ianni, O., & Cardoso, F. H. (1961). *Homem e Sociedade*. Companhia Nacional.
Jackson, L. C. (2007). Tensões e Disputas na Sociologia Paulista (1940–1970). *Revista Brasileira de Ciências Sociais, 22*(65), 33–49.
Lambert, J. (1953). *Le Brésil: Structure sociale et institutions politiques*. Libraire Armand Colin.
Lambert, J., & Pinto, L. A. C. (1944). *Les problèmes démographiques contemporains*. Atlantica Editora.
Lepenis, W. (1988). *Between literature and science: The rise of sociology*. Cambridge University Press.
Lévi-Strauss, C. (1955). *Tristes tropiques*. Plon.
Liedke Filho, E. D. (1977). *Teoria Social e método na escola da USP (1954–1962)*. Dissertação, Instituto de Ciências Humanas da Universidade de Brasília.
Liedke Filho, E. D. (July/December 2005). A Sociologia no Brasil: história, teorias e desafios. *Sociologias, 4*, 376–437.
Liedke Filho, E. D. (2006). Brazilian sociology: Contemporary epistemological-theoretical and institutional trends. *Sociologias, 1*, 216–245.
Lima, N. T. (2009). Euclides da Cunha: o Brasil como sertão. In A. Botelho & L. Schwarcz (Hrsg.), *Um enigma chamado Brasil: 29 intérpretes e um país*. Companhia das Letras.
Lopes, J. R. B. (2009). *Crise do Brasil arcaico*. Centro Edelstein de Pesquisas Sociais.
Miceli, S. (1995a). *A História das Ciências Sociais no Brasil* (Bd. 2). Editora FAPESP.
Miceli, S. (1995b). A fundação Ford e os cientistas sociais no Brasil, 1962–1992. In S. Miceli (Hrsg.), *História das Ciências Sociais no Brasil* (Bd. 2). Sumaré/Idesp/Fapesp.
Miceli, S. (1995c). Condicionantes do desenvolvimento das Ciências Sociais. In S. Miceli (Hrsg.), *História das Ciências Sociais no Brasil* (Bd. 2). Sumaré/Idesp/Fapesp.
Miceli, S. (2001). *A História das Ciências Sociais no Brasil* (Bd. 1). ANPOCS.
Miceli, S. (2002). Intelectuais Brasileiros. In S. Miceli (Hrsg.), *O que Ler nas Ciências Sociais Brasileiras (1970–1995)* (Bd. 2). Sumaré.
Monbeig, P. (1954). *Le Brésil*. PUF.
Monteiro, P., & Moura, F. (2009). *Retrato de grupo: 40 anos do CEBRAP*. Cosac Naify.
Montero, P. (1999). Dilemas da cultura brasileira nos estudos recentes sobre as religiões. In S. Miceli (Hrsg.), *O que ler nas ciências sociais no Brasil* (S. 327–367). ANPOCS.

Morazé, C. (1954). *Les trois âges du Brésil. Essai politique.* Sciences Politiques.
Moreira, M. S. de C. F. (1964). *Os homens livres na velha civilização do café.* Ph.D. thesis, Faculty of Philosophy, Languages and Literature, and Human Sciences, University of São Paulo.
Motta, L. E. (2000). O ISEB no banco dos réus. *Comum, Rio de Janeiro*, 5(15), 119–145.
Motta, R. (2014). *As universidades e o regime militar.* Zahar.
Oliveira, A. (2015). Um balanço sobre o campo do ensino de sociologia no Brasil. *Revista Em Tese*, 12(2), 6–16.
Oliveira, L. L. (2009). A sociologia de Guerreiro Ramos e seu tempo. In A. Botelho & L. Schwarcz (Hrsg.), *Um enigma chamado Brasil: 29 intérpretes e um país.* Companhia das Letras.
Peixoto, F. A. (2009). Os Brasis de Roger Bastide. In A. Botelho & L. Schwarcz (Hrsg.), *Um enigma chamado Brasil: 29 intérpretes e um país.* Companhia das Letras.
Pierson, D. (1942). *Negroes in Brazil: A study of race contact at Bahia.* Chicago University Press.
Pierson, D. (1973). *Cruz das almas: Brazilian village.* Greenwood Press.
Pierucci, A. F. (2002). Sociologia da Religião: Área impuramente acadêmica. In S. Miceli (Hrsg.), *O que Ler nas Ciências Sociais Brasileiras (1970–1995)* (Bd. 2). Sumaré.
Pontes, H. (2009). Gilda de Mello e Souza: entre arte e a ciência. In A. Botelho & L. Schwarcz (Hrsg.), *Um enigma chamado Brasil: 29 intérpretes e um país.* Companhia das Letras.
Prebisch, R. (1950). *The economic development of Latin America and its principal problems.* United Nations.
Queiroz, M. I. P. (1976a). *O messianismo no Brasil e no mundo.* Alfa Omega.
Queiroz, M. I. P. (1976b). *O mandonismo local na vida política brasileira e outros ensaios.* Alfa Omega.
Ramos, G. (1954). *Cartilha de aprendiz de sociólogo: por uma sociologia nacional.* Estúdio de Artes Gráficas C. Mendes Júnior.
Ramos, G. (1957). *Introdução crítica à Sociologia Brasileira.* Andes.
Ramos, G. (1958). *A redução sociológica.* Editora UFRJ.
Ramos, G. (1989). *A nova ciência das organizações: uma reconceituação da riqueza das nações.* FGV.
Ridenti, M. (2010). *O Fantasma da Revolução Revolução Brasileira.* Editora UNESP.
Rodrigues, R. N. (1895). *As raças humanas e a responsabilidade penal no Brasil.* Guanabara.
Rodrigues, R. N. (1983). *Sociologia e a Teoria das Organizações – Um Estudo Supra Partidário.* Leopoldianum Press.

Rodrigues, R. N. (2010). *Os africanos no Brasil*. Centro Edelstein de Pesquisas Sociais.
Romero, S. (1885). *Ensaios de Philosophia do Direito*. Companhia Impressora.
Sallum, B., Jr. (2002). Notas sobre o surgimento da Sociologia Política em São Paulo. *Política & Sociedade, Florianópolis*, 1(1), 73–86.
Silva, I. L. F., Branco, C., & Pera, C. B. F. (2010). O ensino das ciências sociais: mapeamento do debate em periódicos das ciências sociais e da educação de 1940 a 2001. In C. A. Carvalho (Hrsg.), *A Sociologia no ensino médio: uma experiência*. Eduel.
Simões, J. A. (2001). Um ponto de vista sobre a trajetória da escola de Sociologia e Política. In M. T. Berlinck & M. C. R. Magalhães (Hrsg.), *A Escola Livre de Sociologia e Política: anos de formação (1933–1953)*. Fundação Escola de Sociologia e Política.
Skidmore, T. (1974). *Black into white: Race and nationality in Brazilian thought*. Oxford University Press.
Sorj, B. (2001). *A construção do intelectual do Brasil contemporâneo: da resistência à ditadura ao governo FHC*. Jorge Zahar.
Spirandelli, C. C. (2008). *Trajetórias intelectuais: professoras do Curso de Ciências Sociais da FFCL–USP (1934–1969)*. Ph.D. thesis, Faculty of Philosophy, Languages and Literature and Human Sciences, University of São Paulo.
Valle, M. R. d. V. (2008). *1968: o diálogo é a violência, movimento estudantil e ditadura militar no Brasil*. Editora UNICAMP.
Villas Bôas, G. (2006). *Mudança provocada: passado e futuro no pensamento sociológico brasileiro*. FGV.
Villas Bôas, G. (2007). *A Vocação das Ciências Sociais no Brasil: um estudo da sua produção em livros no acervo da Biblioteca Nacional 1945–1966*. Fundação Biblioteca Nacional.
Villas Bôas, G. (2009). A tradição renovada na obra de Maria Isaura Pereira de Queiroz. In A. Botelho & L. Schwarcz (Hrsg.), *Um enigma chamado Brasil: 29 intérpretes e um país*. São Paulo.
Wanderley, S. (2016). Iseb, uma escola de governo: desenvolvimentismo e a formação de técnicos e dirigentes. *Revista de Administração Pública*, 50(6), 913–936.